会计发展与改革探索

赵丽辉　著

延边大学出版社

图书在版编目（CIP）数据

会计发展与改革探索 / 赵丽辉著. -- 延吉 ： 延边
大学出版社, 2020.10
ISBN 978-7-5688-9998-7

Ⅰ. ①会… Ⅱ. ①赵… Ⅲ. ①会计学－发展－研究－
中国②会计改革－研究－中国 Ⅳ. ①F233.2

中国版本图书馆 CIP 数据核字(2020)第 208006 号

会计发展与改革探索

著　　者：赵丽辉
责任编辑：张艳秋
封面设计：延大兴业
出版发行：延边大学出版社
社　　址：吉林省延吉市公园路 977 号　　　邮　　编：133002
网　　址：http://www.ydcbs.com　　　E-mail：ydcbs@ydcbs.com
电　　话：0433-2732435　　　传　　真：0433-2732434
制　　作：山东延大兴业文化传媒有限责任公司
印　　刷：延边延大兴业数码印务有限责任公司
开　　本：787×1092　1/16
印　　张：13.5
字　　数：200 千字
版　　次：2022 年 3 月 第 1 版
印　　次：2022 年 3 月 第 1 次印刷
书　　号：ISBN 978-7-5688-9998-7

定价：56.00 元

作者简介

赵丽辉，湖南衡山人。1998 年毕业于西安财经大学，2014 年在重庆大学获得硕士学位。研究方向为政府会计。2011 年进入长沙师范学院财务处工作，现为长沙师范学院财务处会计师。

前　言

　　会计是经济组织的一个子系统，其责任就是定期或者不定期地向当地管理部门提供相应的财务状况和现金流量，以便企业的所有者和相关利益者能对经营做出更好的决策。可以说，会计反映了企业整个经营状况的盈亏情况，会计在经济运转中担任着非常重要的角色。因此，探究会计发展历史及会计发展规律对会计在今后更好地发展有着重要的意义。

　　会计和任何一种事物或者学科一样，都有自己固有的历史。不可否认，任何事物的发展史都对我们有非常重要的意义。如果想要把所学的会计知识运用到实际操作中去，首先要做到的是研究一下会计的发展史。只有通过对会计历史的研究才能体会古人的思维，才能为现在处理会计中出现的许多问题提供解决方法。通过对会计历史的探究，可以明了古人在会计记账上犯过的错误和不足之处，从而在今后的发展中取长补短。

　　当人们为了更有效地计算自己所产出和销售的产品的时候，会计就随之产生了。会计随着生产的发展变化和社会的发展变化而不断发展变化。会计从产生时就体现了节约时间的特点，因此人们想要节省劳动时间就迫切需要会计。现代社会是一个以讲究效率为主要特点的社会，所以也是会计变化发展的社会。

　　政府会计指的是一个国家用于确认、计量、记录和报告政府和相关事业单位财务收支活动及其受托责任的履行情况的会计体系，不同的国家有不同的经济管理体制，相应的政府会计体系也会有所差别。本书详细分析了我国现行政府会计制度存在的不足，阐述了在此种情况下政府会计改革的重要意义，并提出相关改革策略。

目　录

第一章 会计学

第一节 会计学若干理论问题

任何一门科学的建立，都有其独特的理论体系，不然就不能称其为科学。会计学亦是如此，其通过对各种财务活动的参与，以及财务报表等的收集、整理、分类与分析，为相关单位的经济发展战略的制定提供了较为详细的参考数据，这些都基于它本身较为系统的理论体系。但是，会计学在开始建立时，其自身的理论体系并没有十分严密和完整，它是在之后的生产发展中才日趋变得完整的。下文仅就会计学的几个基本理论问题加以探讨。

随着社会经济的发展，随着相关单位对会计学方面理论知识需求的加大，构建一个严谨且完善的会计学理论体系就成为该学科研究中的重要工作，因而需要相关工作人员加强对会计学相关理论的综合探究，从而总结出较为合理的研究结果，进而为整个会计学理论体系的构建贡献才智。

一、概念问题

每门科学都应有自己特定的概念，以区分与其他科学的不同。但会计学的概念却备受争议，说法不一。参考某些比较经典的出版著作和教材对会计学所下的定义，我们可以将会计学的概念分为以下几类：① "工具类"。单位在发展过程中运用会计学的相关知识与核算方法对其相关的经济活动进行全面系统的记录和计算，而最终通过相应的财务报表将本单位在一段时间内的经营状况进行汇总与分析，为本单位在不同方面的具体管理提供参考依据。② "方法类"。单位经济发展多以货币交易为主，通过对账簿进行计算等方式进行具体的经济活动。③ "综合类"。这种概念的支持者认为会计学既是单位经济管理的工具，又是单位进行核算的方法，认为会计学是两者的兼并与融合。④ "管理类"。这类说法始于 20 世纪 80 年代，一些会计学术论述认为会计 "属于管理范畴，是人的一种管理活动"。

当然，除了以上四种比较主流的解释之外，还有许多关于会计学的概念，在此便不再一一列举。笔者认为，我们对会计学所作的定义不能一概而论，要区分其产生和发展的不同历史时期。会计学是随着管理的需要而产生的，也是随着生产的发展而发展的。纵观整个会计发展史，就会发现，会计学的发展史其实就是其自身从粗疏到精细、从欠缺到完善的 "蜕变史"。而会计学的概念也是在这个 "蜕变" 过程中不断发生变化的。据文字记载，早在我国的西周时期，国家机器就已经专设了管理全国钱粮会计的官吏，产生了所谓 "大宰" "司会" 等称谓。《周礼·天官篇》也明确指出："司会主天下之大计，计官之长，以参互考日成，以月要考月成，以岁会考岁成之事。" 这时，"会计" 的意思就只是 "计算"。后来，随着生产的发展，会计学的含义也发生了很大的变化，它不仅对经济现象进行计算，而且还对经济活动进行监督、控制、预测和决策。当今社会主义社会中的会计学就是以货币为主要计量单位，然后对社会再生产过程中的资金运动进行连续、系统、完整、综合的反映、监督、控制、预测和决策的一门科学。

二、对象问题

会计学的研究对象是引导当今研究人员确定正确研究方向的基本保障，但业界学者对这个问题却是众说纷纭、各执一词。尽管说法不一，但总结起来也不过分为以下几类：①"运动论者"。持有这种观点的学者强调，会计学主要是对社会经济发展中的资金流动问题进行研究，因而其主要研究对象是社会再生产过程中的资金流动问题。②"经济活动论"。主要兴盛于20世纪50年代至20世纪60年代。持有这种观点的学者认为，会计学以货币为表现形式参与到社会不同性质单位的生产发展中，且其为各单位的生产经营活动提供了强大的资金支持，因而其主要研究对象是不同性质的单位在社会主义再生产过程中能够用货币表现的经济活动。③"信息论"。持有这种观点的研究人员认为，会计学以账簿为表现形式，详细地记录着单位的每一笔经济活动和财务收支情况，这些财务收支报表为单位一段时间内的经济决策等提供了有力的支持，因而会计学的研究对象就是社会主义再生产过程中的信息。

笔者认为，在不同历史时期和不同社会性质中，会计学的研究对象也是不同的。在研究会计学的研究对象时，我们应以发展、变化的观点来确定会计学的对象，绝不能概而统之。在原始社会时期，人们以狩猎、采摘维持生存，并不存在商品贸易，所以也没有货币的概念。在这个时期，会计学处于萌芽阶段，只能通过"结绳记事"来反映人们的劳动获取和劳动消耗。这一时期，会计学核算的对象只能是使用价值，绝不能说是资金运动或是其他。到了奴隶社会，出现了商品贸易和早期货币。这一时期，会计学的核算对象由最初的使用价值变成了价值运动。至于在当今的社会主义和资本主义社会中，由于社会性质不同，所以会计学的对象也不尽相同。在资本主义社会中，资本家私人占有生产资料，其生产目的是榨取人民劳动，从而获取剩余价值。在这样的生产关系下，资本家为了让剩余价值得到最大化，于是使投入生产经营后的资本发生无限的资本运动。所以，在资本主义社会，会计学的研究对象就是资本运动。相反的，在社会主义社会中，生产资料实现了公有制，生产目的是最大限度地满足人民日益增长的物质文化生活需求，这时投入到生产中的价值，就不再是资本，而是资金。因此，在社会主义社会中，会计学的研究对象就是资金运动。

三、属性问题

与会计学的概念一样，一直以来会计学属性问题也是我国会计学研究者重点探究的问题之一。虽然众学者对此问题争论不休，但综合起来也不外乎这样三种观点：①"社会科学属性"。因为会计学是研究社会再生产过程中人与人之间的相互关系的，而人，作为经济活动的主体，似乎并不在自然属性的范畴中，因而被一部分学者归为社会科学这一属性中，这叫"生产关系论者"。②"自然属性"。持这一观点的学者认为会计学是纯技术性的一门自然科学，不具有任何社会属性，这叫作"生产力论者"，与第一种观点针锋相对。③"双重属性"。持这一观点的学者折衷地认为会计学是一门既属于社会科学，又属于自然科学的科学。持这种观点的学者又被称为"二重性论者"。

笔者认为，会计学的属性从某种程度上讲是由会计的概念所决定的，在不同历史时期，会计学有着不同的属性。早期的会计学只是"生产职能的附属部分"，因此这个时期的会计学只能属于自然科学。但是随着生产的发展，会计"从生产职能中分离出来，成为特殊的、专门委托的当事人的独立的职能"（马克思《资本论》）。在这一时期，会计学就成为了一门以自然科学为主，同时又带有社会科学性质的经济管理科学。

总之，会计学是与社会经济密切相关的一门科学，只有弄清了会计学的概念、对象、职能、属性等若干基本理论问题，加大对整个会计学的研究力度，才能为我国会计学理论体系的构建和完善提供帮助。

第二节 环境会计基本理论

环境会计是会计领域一门新型的交叉学科。环境会计的概念、假设、计量、报告及记录等是研究的核心问题。本节通过对其相关内容的梳理，提出具有实践性的观点、程序、方法，希望能对今后的研究、实际操作提供理论上的支撑。

一、环境会计

英国《会计学月刊》于1971年刊登了比蒙斯撰写的《控制污染的社会成本转换研究》，于1973年刊登了马林的《污染的会计问题》，自此揭开了环境会计研究的序幕。Rob Gray于1990年发表的报告《会计工作的绿化》，是有关环境会计研究的一个里程碑，它标志着环境会计研究已成为全球学术界关注的中心议题。

环境会计是以环境资产、环境费用、环境效益等会计要素为核算内容的一门专业会计。环境会计核算的会计要素，将货币作为主要的计量单位，采用公允价值计量属性，辅之以其他计量单位及属性完成会计核算工作。但环境会计货币计量单位的货币含义不完全是建立在劳动价值理论基础上的。按照劳动价值理论，只有交换的商品，其价值才能以社会必要劳动时间来衡量，对于非交换、非人类劳动的物品，是不计量的，会计不需要对其进行核算。然而，这些非交换、非人类劳动的物品有相当一部分是环境会计的核算内容，因此，环境会计必须建立能够计量非交换、非劳动物品的价值理论。

二、环境会计假设

（一）资源、能源的价值

资源是有限的。生态资源的有限性决定了人类不能无限制地对资源进行开采，对已被过度耗费的存量资源要进行不断的补偿。生态资源的有限性还决定了要用一定的方法对生态资源的存量、流量进行测算、计量、评估、对比等。

（二）国家主体

生态环境资源应当被看成是整个社会的权益，这是由生态资源的特点所决定的。任何生态资源都既对当地产生影响，又对全局产生影响。生态资源的地理属性和迁移性，使环境会计的空间范围大大扩展，并呈现出宏观会计的显著特点。

（三）资源循环利用

按照生态规律利用自然资源和环境容量，倡导物质不断循环利用，实现经济的可持续发展。运用生态学规律，将人类经济活动从"资源→产品→废弃物"的物质单向流动线性经济模式，转变为"资源→产品→再生资源"的反馈式经济增长模式，通过物质循环流动，使资源得到充分利用，把经济活动对自然环境的影响降到尽可能低的程度。

（四）价值等多种计量

传统会计要素都以货币进行计量。环境会计却不能被限制只用货币作为计量单位来反映生态资源状况，用货币计量反而不能说明问题。但在财政转移支付量上、对生态建设的项目投资上，却又不能不用货币计量。困难的是如何把这两种计量统一在环境会计的核算体系里，如何使两者在需要的时候进行转换。

三、环境会计的确认与计量

环境会计要素的确认与计量是环境会计研究的难点。环境会计的计量可以建立在边际理论与劳动价值理论相结合的基础上，对于包含劳动结晶的环境要素，按劳动价值理论建立的计量方法、计量法则，按边际价值理论建立的计量方法计量。围绕环境会计中的确认问题，分析环境会计要素确认的特殊性，重点研究单位环境会计中的资产、负债、成本等会计要素的确认问题。

（一）环境负债的确认与计量

单位环境负债是指由于过去或现在的经营活动对环境造成的不良影响而承担的需要在未来以资产或劳务偿还的义务。它是单位承担的各种负债之一，具有单位一般负债的基本特征，同时也有自己的特殊表现。按照对环境负债的把握程度，可以把环境负债分为确定性环境负债和不确定性环境负债。

1.确定性环境负债的确认与计量

确定性环境负债是指单位生产经营活动的环境影响引发的、经有关机构作出裁决而应由单位承担的环境负债。它主要包括：排污费、环境罚款、环境赔偿和环境修复责任引发的环境负债。

环境修复责任导致环境负债的确认和计量是很简单的，如排污费、环境罚款和环境赔偿，通常是由环境执法部门或司法程序确定。这些环境负债的计量也很简单，可直接根据环境执法机构的罚款金额或法院裁定的金额进行计量；相反，有些责任的认定和负债的计量是复杂的和不确定的，如环境修复责任的认定及其导致的环境负债的计量。对于法律、法规强制要求的环境修复责任，单位可以按照相关规定的提取比例和提取标准进行计量。对于单位自律性环境修复责任，可以根据单位决策机构或专业咨询机构的测定，考虑单位自身的承受能力，均衡单位社会责任、社会环保形象、环保目标等诸多因素，综合确定提取标准和提取比例。在单位持续经营过程中，提取的比率和金额也可能是不断变化的。引发这种变化的原因有多种，如单位承受能力的增强可能导致单位提高提取比例；还有对环境修复费用的重新测定或评估，可能导致对环境修复责任的判断发生变化；等等。

2.非确定性环境负债的确认与计量

非确定性环境负债也称为或有环境负债，是指由单位过去生产经营行为引起的具有不确定性的环境责任。在过去的单位会计业务中，人们很少关心单位环境责任引发的潜在环境责任承担问题，只有在切实遭受环境处罚和赔偿时，再将其作为一项营业外支出项目处理。这种处理方式缺乏稳健性，所提供的信息也是不完善的。单位环境会计应当借鉴或有负债的理论与实践来处理环境责任问题。

（二）环境资产的确认与计量

1.环境资产界定

资源环境经济理论界与会计学界对环境资产的看法并不一致，形成了下述三种主要的看法：

（1）从环境会计的定义或其研究对象出发所推论的环境资产

对环境资产的认识，有的学者是在环境会计的定义或其研究对象中予以界定的。学者对环境会计的不同定义或对研究对象的不同认识导致了其所界定的环境资产是不同的。如英国邓迪大学格雷认为，环境会计中的环境资产是人造环境资产和自然环境资产。孙兴华等认为，环境会计的对象是全部自然资源环境。王冬莲等认为，在环境会计中把自然资源和生态环境确认为资产，实行自然资源和生态环境的有偿耗用制度。可见，其所指的环境资产包括自然资源资产和生态环境资产。

（2）从宏观角度直接定义的环境资产

从宏观角度直接定义环境资产的权威当数 1993 年联合国环境经济一体化核算体系和联合国国民经济核算体系给环境资产所下的定义，不过二者对环境资产的定义还是存在差别的。

联合国国民经济核算体系认为，只有那些所有权已经被确立并且已经有效地得到实施的自然产生的资产才有资格作为环境资产。为了符合环境资产的一般定义，自然资产不仅必须要被所有人拥有，而且如果给定技术、科学知识、经济基础、可利用资源，以及与核算日期有关的或在不久的将来可预料到的一套通行的相对价格，它还能够为它的所有者带来经济利益。不满足上述标准的被划在联合国国民经济核算体系的环境资产范围之外，特别是所有权不能被确立的环境资源，包括空气、主要水域和生态系统等，因为这些环境要素巨大，无法控制，以至于不能对其实施有效的所有权。

（3）从微观角度直接界定的环境资产

从微观角度对环境资产直接进行界定也因有关组织机构或学者的认识

不同而给出了不同的定义。联合国国际会计和报告标准政府间专家工作组认为，环境资产是指由于符合资产的确认标准而被资本化的环境成本。

2.环境资产的确认与计量依据

对环境资产的确认问题，实质上就是要判断由于过去的交易或事项产生的项目是否应当以环境资产的形式计入单位财务报表的过程。以什么标准作为基本依据来确认环境资产，是我们研究环境资产确认问题时必须明确的一个问题。美国财务会计准则委员会对资产确认的一般定义可以成为确认环境资产的基本依据。在 FASB（美国财务会计准则委员会，Financial Accounting Standards Board）的第 5 号财务会计概念公告中，对单位一般资产的确认提出了可定义性、可计量性、相关性和可靠性四条普遍适用的具体确认标准，这些标准是我们研究环境资产确认条件的基本理论论据。

一个项目是否应确认为单位的环境资产必须同时满足以下四个条件：

第一，符合定义。单位发生的成本只有符合这一环境资产的定义才可确认为单位的环境资产。

第二，货币计量。单位发生的不能用货币计量的有关活动或事项就不能确认为单位的环境资产。

第三，决策相关。只有与信息使用者决策相关的有关环境成本的资本化才能确认为单位环境资产。

第四，可计量性。由于单位环境资产是单位环境成本的资本化，而环境成本往往是单位付出了一定的代价的，因此，在单位环境资产取得时，其价值可以按所花代价进行计量。这种计量是有据可查的、可验证的，因此其计量结果应当是相当可靠的。否则，就不能确认为单位环境资产。

3.环境资产的确认与计量方法

（1）增加的未来利益法

增加的未来利益法，即导致未来经济利益增加的环境成本应资本化。这是从经济角度考虑的，不过，对于污染预防或清理成本，在被认为是单位生存绝对必要的条件时，即使它不能够创造额外的经济利益，也应予以资本化。

（2）未来利益额外的成本法

未来利益额外的成本法，即无论环境成本是否带来经济利益的增加，只要它们被认为是为未来利益支付的代价时，就应该资本化，这是从可持续发展的角度考虑的。

（三）环境成本的确认与计量

环境成本与传统单位成本相比，具有不确定性，但仍能根据相关法律或文件进行推定。在目前的会计制度体系中，在权责发生制原则下，环境成本应满足以下两个条件：

第一，导致环境成本的事项确已发生，它是确认环境成本的基本条件。如何确定环境成本事项是否发生，应看此项支出是否与环境相关，并且，此项支出是否能导致单位或公司的资产业减少或者负债增加，最终是否会导致所有者权益减少。

第二，环境成本的金额能够合理计量或合理估计。由于环境成本的内容涉及比较广泛，因此，其金额能合理计量或合理估计则是确认环境成本的重要条件。在环境治理过程中，有些支出的发生能够确认，并且还可以量化，如采矿单位针对所产生的矿渣及矿坑污染而支付的相应的回填、覆土、绿化的支出就很容易确认和计量。但有些与环境相关的成本一时不能确切地予以计量，对此我们可以采用定性或定量的方法予以合理的估计，如水污染、空气污染的治理成本和费用，在治理完成之前无法准确计量，只能根据小范围治理或其他单位治理的成本费用进行合理估计。

环境成本的固有特征决定了环境成本确认的复杂性，严格确认环境成本是正确确认环境资产的前提条件，因此，必须强化环境成本确认的标准，为环境资产的确认奠定基础。

四、环境会计报告

（一）环境资产负债表

独立式的环境资产负债表是单位为反映环境对财务状况的影响而独立编制的资产负债表。借鉴传统财务会计的做法，环境资产负债表左方登记环境资产，右方登记环境负债及环境权益，也遵循"资产=负债+所有者权益"这一理论依据。

在环境资产负债表中，环境资产参照传统会计的做法分为环保流动资产和环保非流动资产两部分。环保流动资产用来核算与单位环境治理相关的货币资金、存货、应收及预付款项。环保非流动资产包括单位所拥有或控制的自然资源以及与单位环境治理相关的固定资产、无形资产、长期待摊费用等。

环境负债主要包括两部分：一是为进行环境保护而借入的银行贷款，包括短期环保贷款和长期环保贷款；二是应付的环境支出，可按其内容分别设"应付环保款""应付环保职工薪酬""应交环保费""应交环保税"等科目。

（二）环境利润表

设置单独的利润表，可以较好地让信息使用者了解单位的环境绩效，揭示单位保护环境和控制污染的成效。

环境利润表按照"环境利润=环境收入−环境费用"这一等式，采取单步式结构计算利润。

由于环保工作带来的社会效益等难以计量，因而环境利润表中的环境收入只通过环保交易收入、环保补贴贡献收入、环保节约收入三大项目来反映。

环保交易收入是指单位在生产经营过程中的各项交易事项形成的与环境保护有关的收入，可分为单位出售废料的收入、排污权交易收入及因提供环保卫生服务而获得的收入等。

环保补贴贡献收入是指单位获得的、政府给予的环保补贴或因取得环保成果而得到的社会奖金，可分为政府给予单位的、支持环保的补助收入和环保贡献奖金收入。

环保节约收入则是单位在环境治理中取得的各项节约收入，这一部分收入虽然可能不容易直接计算，但仍然属于单位在环境治理中获得的经济利益，理应计入环境收入。环保节约收入可分为单位节约能源及材料的节约额、排污费节约额、污染处理节约费、污染赔偿节约费，以及因环保贡献而受政府支持取得的低息贷款节约利息额、减免税收节约额等。

环境费用按其性质和作用分为环境治理费用、环境预防费用、环境负担费用、环境恶性费用四类。

环境治理费用是单位治理已经存在的环境影响而发生的支出，可分为单位因治理环境花费的材料费用、绿化和清洁费用、环保设备折旧费用以及由于购入环保材料而支付的额外费用。

环境预防费用是单位为防止环境污染支付的预防性支出，环境预防费用可分为环保贷款利息、环境机构业务经费、环境部门人员工资及福利、员

13

工环境教育成本、社会环保活动开支等。

环境负担费用则是单位理应承担的环境保护责任支出，可分为排污费、与环境有关的税金支出、其他环境费用等。

环境恶性费用是由于单位环境治理不力而导致的负面性的开支，可分为环境事故罚款及赔偿、环保案件诉讼费。

环境会计所研究的末端治理模式的特征是先污染后治理，或者是边污染边治理。它把环境污染看作是生产中不可避免的问题。在末端治理范式下，自然资本成为被开发的对象，在生产中处于被动的和受忽视的地位。自然环境和自然资源的价值被人为地降低，很少被维护，以至于被破坏，这是环境会计研究所不能解决的难题。

第三节 经济学成本与会计学成本比较

成本作为一个基本的经济学范畴，在经济学和会计学中都具有十分重要的理论价值和实践意义。本节从它们的定义出发，从多个方面比较二者的不同，提出用发展的眼光看待这两种成本理论，从基础理论的角度进行分析研究，以期为学习和研究西方经济学成本理论者提供借鉴。

一、会计学中的成本定义

美国会计学会对成本的定义是：为了达到特定目的而发生或未发生的价值牺牲，它可用货币单位加以衡量。会计学对成本的定义是：特定的会计主体为了达到一定目的而发生的可以用货币计量的代价。《成本管理》对成本下的定义是：为了达到某一种特定目的而耗用或放弃的资源。从以上定义来看，会计成本是单位在生产经营过程中发生的各项费用支出的总和，包括工资、原材料、动力、运输等所支付的费用，以及固定资产折旧和借入资本所支付的利息等。

会计学上的成本具有以下特点：①围绕单位生产过程进行研究，重点研究生产成本，不涉及单位与外界和单位内部组织之间的费用；②只关心实际发生的成本，不关心未来的产出；③能够以货币加以计量，只核算可以用货币直接反映出来的成本，不包括应计入而不能以货币直接反映出来的成本；④只计量实物资本成本，不计量其他成本。

二、经济学中的成本定义

随着经济理论的发展，西方经济学家越来越重视对成本的研究，他们不仅研究发生在单位生产过程中的成本，研究在生产过程前后发生的成本，还研究单位与单位之间、单位与社会之间以及单位内部组织之间发生的成本。我们着重研究生产成本、机会成本、边际成本和交易成本。

（一）生产成本

由于生产过程本身是一个投入—产出的过程，因此在生产过程中所投入的生产要素的价格就是生产成本。经济学中关于单位生产成本的分析一般具有如下基本内容：

1.短期成本

在短期内，由于固定投入保持不变或变动性小，主要依靠增加可变投入数量来增加产量。短期成本包括固定成本和可变成本两部分：前者不随产量的变化而变化；后者随产量的变化而变化，呈现递减、不变、递增的态势。短期成本有两个重要概念：平均成本和边际成本。平均成本又可分为平均固定成本、平均可变成本和平均总成本。平均固定成本随产量的增加而递减，平均可变成本、平均总成本、边际成本随产量的增加而经历递减、最小、递增三个阶段。

2.长期成本

长期成本是生产者在可以调整所有的生产要素数量的情况下，进行生产所花费的成本。在长期发展中，单位可以根据它所要达到的产量来调整生产规模，从而始终处于最低平均成本状态，所以长期平均成本曲线就由无数条短期平均成本曲线的最低点集合而成，即长期平均成本曲线就是短期平均成本曲线的包络线。单位可根据长期平均成本曲线来作出生产规划。

（二）机会成本

机会成本是经济学中的一个重要概念，在经济学中被定义为"从事某种选择所必须放弃的最有价值的其他选择"。机会成本不是指实际的支出，而是对资源的合理配置和有效利用的一种度量，对放弃效益的评价，表达了稀缺与选择之间的基本关系。机会成本主要的特征是：不关心过去已经发生的成本，而关心未来的产出，它不是对历史的反映，而是对未来活动结果的预见。机会成本有助于决策者全面考虑各种方案，为有限的资源寻求最为有利的使用途径。

（三）边际成本

边际成本是指单位产量每增加一单位所增加的成本费用。它可以通过总成本增量和总产量增量之比表示出来。从概念得知，边际成本是可变成本增加所引起的，而单位可变成本又存在着先减后增的变化规律，因此边际成本也必然是一条先降后升的"U形"曲线。

边际成本是选择成本时要考虑的关键因素。单位的规模不是越大越好，一旦超出规模经济范围，成本反而会增加。因此，单位要利用边际成本分析法，综合考虑边际成本和规模收益情况。

（四）交易成本

西方学者对交易成本的定义众多。科斯认为，交易费用是获得准确的市场信息所需支付的费用以及谈判和经常性契约的费用。张五常认为，交易成本可以看作是一系列制度成本，包括信息成本、监督管理的成本和制度结构变化的成本。威廉姆森认为，交易费用可分为事前和事后两种：事前交易成本是指起草谈判的成本；事后交易成本是指交易已经发生之后的成本，如退出某种契约的成本、改变价格的成本、续约的成本等。

交易成本有以下几个特点：①交易成本发生在处于一定社会关系之中的人与人之间，离开了人们之间的社会关系，交易活动不可能发生，交易成本也就不可能存在，即交易具有社会性；②交易成本不直接发生在物质生产领域，即交易成本不等于生产成本；③在社会一切经济活动中，除生产成本之外的资源耗费都是交易成本。

三、会计学成本与经济学成本比较

会计学中的成本是基于会计假设计算的，经济学中的成本概念突破了会计假设。1922年，佩顿的《会计理论》首次提出会计假设。他认为会计学有四个基本会计假设：会计主体假设、持续经营假设、会计分期假设及货币计量假设。这些假设是从事会计工作、研究会计问题的前提。根据会计主体假设，借入资本的利息是计入会计成本的，但权益成本是不能计入的，个体私营业主的工资收入也不能计入会计成本，而经济学成本是包括这些的。持续经营假设和会计分期是单位计提折旧的理论依据，资本性支出不一次性计入成本，体现权责对等，均衡利润和税负，但经济学成本只考虑现金的流出，即便是资本性支出也一次性计入成本。另外，会计学只计入能用货币计量的成本，经济学则将其他的经济量也作为成本。

会计学成本重点研究生产成本，记录过去的交易，而且很重视客观的叙述。相比之下，经济学家通常比会计学家具有更宽广的眼界，他们注意对经济活动进行分析，除了研究生产成本，还研究其他各种成本。在西方经济学中，生产成本概念已经比较成熟，其理论也广泛地运用在会计学中。

会计学成本与机会成本。会计学家的工作是关注、记录流入和流出单位的货币。他们衡量单位实际发生的成本，但忽略了部分机会成本。与此相比，经济学家关心单位如何作出生产和定价决策，因此当他们衡量成本时就包含了所有机会成本。在会计学中引入机会成本的概念，有助于传统会计在现有以核算为主的基础上加强参与决策，实施适时控制和经济分析等功能。

会计学成本与交易成本。传统会计学成本重点研究生产成本，但在社会中，一切经济活动除生产成本之外的资源耗费都是交易成本，只要存在人与人之间的交易，就存在交易成本。根据交易成本相关理论，单位不仅与人力资本的提供者（雇员、经理）、实物资本的提供者（股东、债权人等）缔约，而且与原料供应者、产品购买者缔约，还与政府缔结政府管制契约，与社会缔结有关社会责任的契约，故形成了人力资本成本、信息成本、政治成本、社会成本等一系列成本范畴，这些成本范畴随着各种条件的成熟，会最终进入会计成本的研究范围。

四、用发展的眼光看待两种成本理论

从发展趋势看，传统经济学的完全信息假定、完全市场假定等逐渐被现代经济理论更接近实际的假设条件所取代，从而使得现代经济理论的针对性、可操作性更强，这是经济理论不断创新、不断进步的表现，也满足了经济活动的参与者对具有现实指导意义的理论的要求。在适应这一潮流后，传统成本的理论也必将随着经济理论的发展而不断丰富，新的成本范畴还会不断产生，现有的成本范畴也将会不断被赋予新的内容。在可以预见的将来，诸如交易成本、代理成本等范畴都应该逐步实现规范化，获得各个学派比较统一的解释，以利于进一步系统、深入地研究与解释，真正构成现代经济学大厦的有机组成部分；而那些仍处于初步探讨中的如政治成本、转化成本、社会成本等成本范畴，将逐渐为人们所熟悉，并最终纳入会计学的计量研究中。

会计一直是服从和适应于社会经济发展的。经济运行的状态决定着会计运行的方向。传统会计学成本是适应于传统工业经济的，新的经济要求会计模式进行相应变革，而经济理论恰恰为会计理论提供了理论依据和指导。

通过会计学成本与经济学成本的比较，我们可以看出会计学成本的发展方向。

①传统会计学成本正从单纯计量过去信息向能动地运用信息参与决策、提供未来信息的方向发展，即由静态向动态发展，由计量过去向计量未来发展。

②会计学成本由重视单位内部成本向重视内部成本与外部成本发展。

③由于现代经济学成本概念计量的高难度和综合性，会计学成本的计

量也由简单的加减向综合化和数字化方向发展。

④会计学成本由以货币计量为主向多种综合计量手段并存的阶段发展，如在美国，一般大型单位都在其年度报告中附有简要的社会责任履行情况和对环境保护情况的说明。

第二章 会计发展的理论研究

第一节 现代会计发展存在的问题

现代会计的不断发展使得一些与之相关的问题日益凸显出来。尤其是在最近几年，会计工作在会计核算、会计管理和会计学科分类等方面有了重大改变，发展得越来越集中化、规范化、国际化和信息化，其引起的问题也日益复杂与多样。在此种环境之下，相关单位必须要对现代会计在发展中面临的问题进行处理，综合实际状况提出有效的对策与手段。

21 世纪以来，会计工作发生了巨大变化，出现了新的发展形势，特别是在大数据背景下，"互联网+会计"的发展，让会计数据处理技术实现了快速发展，极大地加快了会计处理的速度与提高了会计处理的准确度。在"互联网+"背景下，不同规模的企业在会计工作上形成了新的方式，同时会计职能的转变也非常快，会计职能在深度化与智能化等方面有了较大提升。

一、现代会计发展存在的问题分析

（一）网络经济时代，相关法律法规还不完善

随着计算机的发展，时代在逐渐向网络经济时代转变，现代会计也紧随时代的潮流。但是，我国目前还没有出台完善的有关网络财务会计的法律法规，现行的法律制度难以跟上现代会计发展的要求。相关法律法规的不完善为现代会计的良性发展带来了阻碍，难以提高其规范化和科学化水平。

（二）网络时代会计信息的安全问题

会计信息的安全与企业的经营管理活动以及会计要素的安全直接相关，是网络时代财务会计正常运行的关键。但是，网络系统自身的缺陷以及病毒、黑客的侵入威胁，导致现在会计信息的安全性难以保障，加之现代会计发展速度很快，各种新的违法犯罪行为层出不穷，这也对会计信息带来了巨大威胁。如何解决其安全问题也值得我们探索与分析。

（三）企业内部控制力弱

很多企业普遍处在财务控制薄弱的状态，经常会发生财务管理不力的情况，这不利于企业的经营，也不利于财务会计的发展。企业内部控制力弱主要体现在以下几个方面：第一，现金管理不严，导致资金闲置或不足；第二，应收账款周转慢，资金回收难；第三，存货控制力弱，造成资金呆滞。

（四）缺乏足够多的专业人才

现代会计的快速发展，在专业能力上对会计人才提出了越来越高的要求，既需要掌握专业知识，还应该具备较强的计算机操作能力。然而企业在现阶段只关注会计工作人员的理论知识和实务培训，这样会导致会计工作人员的素质与能力高低不平，特别是掌握丰富会计专业知识和懂网络技术、

计算机技术的专业人才较少。很多会计工作人员未接受"计算机+互联网+会计"方面的培训，他们掌握的商务知识较少，也不熟悉国际电子交易法规，这导致"互联网+会计"的工作效率难以实现提高，并阻碍了其发展的步伐。

二、现代会计发展的可行对策

（一）不断补充与完善现代会计法律

我们要注意对会计准则和会计制度进行完善，让会计理论及时得到更新，以满足现代企业发展的要求。要重视网络会计的立法状况，结合我国基本国情，制定相应的网络会计法规，也要建立健全网络会计体系，增强对网络的监管效果，促使新兴网络公司在会计质量上实现提升。这样才能避免"互联网+"引起的网络会计风险，为会计行业的长远、稳定发展奠定良好的基础。

（二）完善内部控制体系

第一，不断对会计监督核准体系进行完善，将会计核算与监督的权利进行分离，避免会计工作人员随意对财务数据进行更改，将监督作用真正体现出来，这样会计信息才会更加真实、有效。第二，要保证会计审核制度做到权责分明，若发生财务数据错误、会计信息失真等现象，应该将会计核算人员与会计监督人员的责任追究到底，防止出现虚假的会计信息。第三，形成与企业发展相符的内网系统，利用内网来传输财务数据，要想得到核心财务数据，还应该得到企业高层的授权，并发挥出防火墙等作用，避免出现黑客、病毒等入侵的问题，保证会计信息的完整性。

（三）将会计管理体制落到实处

要在会计管理体制上进行完善，确保发挥出政府监督、社会监督及企业内部监督的作用。第一，在企业内部监督的过程中，应该将"管理会计"放在管理工作的首位，要从整体上监督企业内部相关经济项目。此外，应该引起关注的一点是，突破传统会计管理体制的限制，解决只关注事后监督核算的问题。第二，企业应该建立起内部结算中心，通过采取各种措施为融通资金创造有利条件，并促使部门之间加强监控。此外，对于条件较好、有一定经济实力的企业，要采取企业内部财务信息联网的方式，促使自身内部财务工作透明度的提升，这样财务监控质量也将实现提升。第三，要实行企业内审机制，提高内部监督水平。当然，不仅要加强企业内部监督，还要发挥出社会监督的作用，让社会中介机构参与到监督中，确保能够及时发现与解决存在的问题。

（四）设置会计管理专业机构，提升会计管理职业化水平

对会计管理协会来说，以促进会计管理工作发展为宗旨，提高企业内部会计管理职业化水平，为企业带来更大的经济效益。从这里可以看出，会计管理协会承担着对会计管理工作的组织、协调职责，尤其是要发挥出督促管理会计师的作用，促使他们认真做好会计管理实务工作，通过为他们提供一定的指导与规划，促使其对出现的新情况与新问题进行认真研究，将解决措施制定出来。需要注意的是，还要严格执行管理会计师资格确认制度，在管理会计师资格考试时必须保证其严肃性，更要对管理会计师的职业道德进行考察，做好其行为的日常管理工作。针对实践过程中发生的重难点，会计管理协会要采取召开研讨会的方式，共同分析与解决问题。

（五）培养"全能型"会计工作人员

会计工作人员除了要有扎实的基本功，还要会应用相关技能进行适当的财务管理和具有前瞻性的智能分析工作，要有敏锐的观察能力以及独到的解决问题的方法和手段。会计工作人员同时要有献身精神，要走在理论研究的前沿，要善于总结在工作中发现的问题，并结合实际情况做出案例分析，要亲自指导会计实务。更重要的一点是，会计工作人员要具备对企业经济活动进行事前预测、事中控制和事后考核的能力。一名优秀的会计工作人员要有宏观的视角，要能够把握经济的脉搏，要有整体的工作思路和全局的策略、战术。这就要求会计工作人员要全面掌握现代企业经营管理知识，经常参与社会经济实践活动，及时捕捉经济政策和新鲜资讯，能时时刻刻为企业经济管理提供意见和建议，并能在关键时刻为高层决策者出谋划策

随着社会的发展，会计也在不断地发展。现代会计在发展过程中遇到了很多问题，面对现代会计发展中已经发现的诸多问题，相关部门及企业应该给出适宜的解决方案，来促进现代会计的健康发展。现代会计的完善也不是一朝一夕的事情，随着社会的发展，今后我们还会发现会计存在的其他问题。只有一步一步脚踏实地地去实践，才能让现代会计健康地发展。

第二节 绿色会计的发展

随着经济的快速发展，人们的生活水平也在不断地提高，但是环境破坏却日益严重。绿色会计从环保的角度出发，将自然资源同经济发展紧密联系在一起，对社会的可持续发展意义重大。由此，绿色会计逐渐进入人们的视

野，越来越多的企业将绿色会计纳入到会计核算的范畴之中，但是在绿色会计发展和应用的过程中，存在诸多问题，这些问题在不同程度上制约了绿色会计的发展，影响了人们对环保的具体认识。因此，解决这些问题迫在眉睫。

一、绿色会计的缘起

绿色会计又称环境会计，绿色会计主要包含国民经济中涉及自然资源和环保的相关内容，它是在工业革命时代出现的。随着工业化的不断深入，人类对资源的消耗量不断增加，由此引起的环境问题日益严重。因此，相关经济学家、生态学家等提出绿色会计的相关概念。20 世纪 70 年代以来，F.A.Beams 和 J.T.M 相继在《会计学月刊》上发表文章《控制污染的社会成本转换研究》和《污染的会计问题》，绿色会计正式进入人们的视野。21 世纪以来，随着各国有关部门出台的相关法律法规以及管理会计理论的日臻完善，绿色会计的研究渐入佳境。

二、绿色会计发展的重要意义

（一）有利于推动经济的可持续发展

对于整体的社会经济发展而言，随着工业化的不断深入，可持续发展变得越来越重要，而其中环境因素尤为重要。对于自然资源而言，虽然无法做到"开源"，但是通过环保可以做到"节流"，绿色会计从环保的角度出发，合理规划自然资源的使用。与此同时，经济也反作用于环保，对于环保而言，需要大量的资金投入，只有经济平稳发展，才能有更多的资金投入到环保的项目中来。所以绿色会计是联系环境与经济的一座桥梁，在帮助人们发展经济的同时，引导人们合理利用资源。

（二）有利于环境保护

人类在开发利用自然资源时，通过加工的方式将原始材料变为成品，而加工环节中的废水、废渣和废气（简称"三废"）排放到自然环境中。自然环境自身有自我净化的功能，但是超过其承受限度，"三废"就会对自然环境造成破坏。如今，大规模的工业生产产生的"三废"早已超过自然环境的自净能力，人类不经处理将"三废"直接排放到自然环境中已成常态，为了缓解这一矛盾，绿色会计应运而生。而每个企业都有责任和义务保护自然环境，每个企业都应当建立绿色会计。

（三）有利于促进企业转型升级

一个经济体或者一个企业在发展的中期，将重点放在努力壮大规模上，在很多方面忽视了环境的保护，将自身的经济利益建立在牺牲自然环境的基础上。但是，企业要想取得长足的发展，好的环境必不可少。当下的环境问题可能不大，企业不想投入资金革新技术、减少污染，但是到日后环境问题一发不可收拾时，企业投入的资金可能是现在的几倍甚至几十倍，权衡利弊后，企业在当下必须加强环保。绿色会计的出现将提高企业对环保重视程度，促使企业提高自身的生产工艺，从而减少污染物的排放，从源头解决环境污染问题。

（四）有利于提高企业的知名度

随着社会的不断进步，消费者越来越注重绿色消费，加强绿色会计的建设是企业提高自身知名度的一种方式。同时，我国的绿色会计相较于世界发达国家而言起步较晚，缺乏理论基础和实践经验，因此加强国内外的合作也不可或缺。

三、绿色会计发展和应用中的问题

（一）基础差，法律法规不健全

首先，相较于西方发达国家，我国绿色会计研究起步晚、速度慢、理论基础差。这主要体现在核算标准和计量标准以及人才的缺失上。对于核算标准而言，绿色会计同传统会计存在较大差别，无法采用统一的核算标准进行核算。对于计量标准而言，传统会计多以货币计量，但是绿色会计的核心是企业对环保责任的核算，属于无法用货币衡量的特殊核算方式的范畴，到目前为止，相关部门没有一套统一的核算体系。对于人才的缺失而言，人才的缺失对绿色会计发展的影响也是十分重大的，绿色会计核算的范畴涉及自然科学领域的诸多学科，难度相对较大，这就要求会计核算人员要掌握相关学科的基础知识。其次，社会对绿色会计领域的重视程度较低，还没有形成一套完整的培养体系，这也是阻碍绿色会计人才输送最为致命的一点。

对于国家而言，出台的相关法律法规相对较少，已出台的法规执行力度不高，企业在宽松的法律环境下无法将绿色会计的建设作为企业发展的必经之路。对于执行力度较高的法规，其惩罚力度较小，无法起到震慑违法乱纪行为的作用。

（二）企业主人翁意识淡薄

大多数企业只追求利益最大化，绿色会计对企业社会责任的核算无法直接转换成经济效益，因此不受企业的重视。而绿色会计的投资较大，但短期对经济的推动作用较小，由此更加加重了企业对绿色会计的忽视。社会尚未形成保护环境的优良风气，在大的社会环境的影响下，企业的主人翁意识也过于淡薄。

（三）信息披露存在问题

绿色会计发展时间较短，信息披露的理论不完善，多数企业没有相应的规章制度，导致企业环境成本的披露系统不完善，从部分行业数据来看，披露相关数据的企业只有半数。

四、解决对策

（一）夯实基础，加强研究

通过分析可知，我国的绿色会计发展历程较短，研究深度与发达国家相比远远不够，因此要在原有研究的基础上加强研究，由国家和企业共同努力，一方面注意吸收发达国家的先进成果，另一方面要做到"本土化"创新，根据我国的实际情况研究出合适我国绿色会计的发展模式，可以在高校和企业率先进行会计理论和实务试点，做到绿色会计的研究有广度、有深度。

（二）完善相关规章制度

任何措施在没有规章制度约束下很难发挥作用，因此要完善相关的规章制度。从国家层面出发，有关部门要填补法律法规的空白项，对于已有的法律法规，要增强其执行效果，例如可以加大惩罚力度，提高违法成本，让企业从不敢违法到不想违法。由于绿色会计研究时间较短，缺少统一的核算体系，有关部门要结合实际制定出属于我国绿色会计的基本准则，从根本上规范绿色会计的核算。从企业角度出发，要依据国家的法律法规完善自身的规章制度，绿色会计领域内容宽泛，企业应尽可能做到"包罗万象"，使在实务中遇到的事项都有相关规章制度与之对应。

（三）改善人才培养模式

绿色会计研究与应用时间较短，各高校没有与之相匹配的人才培养方案。财经类院校可以增开绿色会计学专业以培养相关的专业人才，其他类高校的普通会计学专业可以将绿色会计的相关课程纳入人才培养方案中，完善普通会计学人才培养模式。同时，各财经高校应积极开展绿色会计领域的相关比赛、科学研究，使绿色会计为更多人所熟知。

（四）成果转化

会计学领域的相关研究最终要落实到实务中，因此会计理论的成果转化尤为重要。首先，高校将绿色会计领域的第一批专业人才输入社会，其中大部分人才进入会计师事务所，还有一部分人才进入与会计领域相关的其他行业。在实务操作过程中，这部分专业人才检验并运用理论知识，对比理论知识与实际操作中的差异并加以总结而形成实务理论，然后通过再学习、再实践来形成绿色会计研究的良性循环，将绿色会计理论同实务紧密联系在一起，实现理论成果的转化。除此之外，也可将绿色会计同其他学科知识相结合，形成绿色会计的成果链条，例如绿色会计核算应用软件等。

（五）加强监督

在实务操作中，会计领域难免会出现一些不规范的行为，因此应当加强绿色会计的监督和审计。对于企业内部，要有相应的内部控制体系，规范绿色会计工作人员的业务操作，尽可能减少错报和违规行为的出现，做到同时兼顾企业的经济利益和国家的环保政策。对于企业外部，要加大绿色会计领域的审计力度，不仅关注会计工作是否适当，还要检查相应的监督体系是否符合国家的环保政策，因此，培养绿色审计人员也必不可少。

第三节 经济环境与会计发展

我们在发展经济的过程中，同时促进了会计的产生、发展与变革，不管怎样的经济改变都会对会计有着一定的影响，经济的发展可以促进会计的发展，经济进展不顺利的时候，会计也是得不到快速发展的。因此，经济环境的发展与会计发展息息相关，其每一次的重大变革，都直接影响到会计的发展情况。

会计行业要想实现快速发展，就应适应现在的经济形势，找到最适合自己的生存途径。会计行业在目前的经济发展中有着十分关键的地位，会计行业是为经济环境服务的，在发展过程中也应为当下的经济环境服务。关于怎样切实提升会计行业的服务质量也需要综合诸多因素，比如该领域的发展特色和情况、国内外的经济形势等。

一、经济环境与会计发展的关系

我国会计行业历经了三个阶段的变化过程，即古代会计阶段、近代会计阶段与现代会计阶段。我国会计经历了漫长的发展，从一开始的便捷到后来的复杂，尤其是改革开放之后，我国会计制度和相关准则日趋完善。2006 年，我国财政部推出了结合了国际财务报告准则的新会计准则体系，这是我国会计在国际化进程中的显著进步。由于我国社会环境的进一步改善，会计也得到了一定的发展，从不断增加的会计机构、会计工作人员以及相关制度条例中就能看得出来，它们都代表着会计行业的进步。当然，会计所处的社会环境也在不断变化，社会环境越好，会计市场就越发达。

二、从我国会计行业的发展历程看经济环境带来的影响

（一）古代会计阶段

在原始社会，因为人们丰富的社会活动，生活中越来越多的地方离不开计数与记载，然后出现了我们熟知的"结绳记事"，这就是会计出现的开始。在进行生产活动时，劳动成果的规模不断扩大，劳动成果的种类不断增加，社会里面有不少个人有了私有财产。为保护自身的私有财产不被侵犯，个人应具备专业的财产计量与计算手段。如此一来，会计慢慢和生产职能分离，职能愈发特殊。我国官方会计最开始是出现在商朝，西周之后有了会计的名号，还出现了专门的会计机构。在西周，零星的日常核算叫作"计"，综合的年终核算叫作"会"。先积累零星的日常计算，再通过年终核算来了解政府全年的财政情况。此外，西周的官方会计机构还是日报、月报、年报的雏形，可以核算并监督政府的财政情况。随着会计机构的发展壮大，会计也改进了记账方法与计算方式。记账方法也不再是简单的流水账法，而有了不同的记账方法。会计结算方法也不再是传统的盘点结算法。西周开始有了三柱结算法，指把一个阶段的所有经济业务分成本期收入、本期支出及期末结余这三项，通过它们之间的互相关系，通过一定的计算公式，计算出该阶段的财产变化情况与剩余结果。三柱结算法是从秦汉开始使用的，不过到了东汉就慢慢无人使用了。之后的唐朝则出现了四柱结算法，后来又逐步变得更加成熟，其中用到了旧管、新收等要素，能够计算出一个阶段中的财产变化情况和结算账目。后来到了明清时期，因为我国商业的发展，物资不断丰富，会计的记账手段又有了一些变化，出现了能够复式记账的"龙门账"，有"进"

32

"缴""存""该"这四种要素，同样需要根据一定的平衡公式，等式两边计算出一样的数称作"合龙门"，这也代表着会计记账方式的进一步发展。

（二）近代会计阶段

在十五世纪后半期，《数学大全》这一著作横空出世，其中就记载了复式记账法，作者在里面提到了一些较为基础的会计制度。这是借贷复式记账的最早记载。《数学大全》进一步推动了会计行业的发展。后来，航海技术的不断成熟和不同地带的商业与金融业的持续进步，对会计记账能力提出了更高的要求，此时借贷复式记账已被大力推广。后来一段时间，由于航海发现和经济发展缓慢，所以会计的发展也停滞了一段时间。后来发生了第一次工业革命，蒸汽技术使大家得以高效工作，为社会带来了更大的价值。经济有了飞速发展，那么会计也随之得到了发展。这个时候，英国还是会计发展的核心国家，会计不再是之前的记账与算账，而是变成了编制审查报表。为了符合编制审查报表的需求，还出现了相关的资产估价途径与理论。后来爆发了战争，因为战争削弱了英国的国力，被美国后来居上。此后美国十分关注生产与科技的发展，使得经济得到了进一步的发展，而会计发展的重心也逐步转向美国。我国在辛亥革命后引入了西方会计，这推动了我国会计行业的发展。

（三）现代会计阶段

现代会计是从二十世纪中期开始计算的，由于经济发展，会计核算手段有了较大提升。美国发明了世界上第一台电子计算机，计算机也逐步渗透到会计领域。后来由于管理科学与生产的发展，会计开始细分为管理会计与财务会计这两个部分。我国在建国初期，处于恢复经济阶段，要求会计为了经济而再次发展，会计开始根据计划经济体制来开展相关工作。之后，政府出台了一系列的会计制度，对不同类型单位的会计行为进行了约束和规范，并形成了我国会计制度的体系雏形。接着，我国的国民经济结构有了重大的改变，愈发需要经济建设为国家生活而服务。那个时候，大多数企业是从私营企业改革重组的公私合营企业，因为设备落后、工序单一、产品种类少等原因无法完成中央提出的会计核算要求。因此，出现了针对不同生产规模的企业会计制度。这也体现出国民经济结构与计划经济管理体制的要求。

后来因为国家的经济发展受到重创，所以会计体系也变成了形同虚设的存在。这个情形一直到党的十一届三中全会完成之后才结束，之后国民经济开始步入稳步健康发展的阶段，会计制度进入了全面恢复的阶段。之后，在 1979~1992 年，我国开始大力推进改革开放，吸引了不少外资企业进入中国市场。不过它们还是较难完成会计核算，原因是我国一直是计划经济的会计制度，没有跟上改革开放的脚步。因此，国务院与财政部为顺应时代发展的潮流，出台了一系列新的会计条例，让会计制度匹配改革开放的经济发展形势，打开了我国会计制度建设的新局面。同时，因为外资企业的核算方式和我国国企的核算方式之间有所差异，因此要求我国的会计核算制度也需有所改变，按照不同的企业类型，明确不同的核算方式。财政部还按照这些改变，通过一定手段推行了若干规定，让会计体系更加多元并符合我国经济发展的基本情况。到了 1992 年，邓小平同志南巡，我国经济发展水平得到进一步提高，会计行业的发展也随之加速，还进行了必要的改革措施。为配合我国财政税收制度的改革，财政部也改革了企业的税收制度。因为许多外资企业的涌入，会计的外币业务核算也急需改革，所以财政部为此出台了一些关于外币业务核算的规定，帮助外资企业在我国顺利发展。

在企业制度的改革浪潮中，财政部还规范了企业财务报告与会计核算行为，要求会计工作与会计资料必须完整真实，还加强了会计监督与核算。后来因为国企改制，开始涌现出许多股份公司，为满足股权多元化的发展，我国随后又颁布了新的企业会计制度，这有利于规范我国股份有限公司的会计行为，并有效运用审慎性原则。这些变化都体现出我国会计核算准则与国际会计条例已实现了充分接轨。自从我国加入世界贸易组织，我国经济市场上涌现出越来越多的上市公司、跨国集团与外资企业等。之前传统的会计制度已经无法顺应时代的发展，资金来源途径与利益分配愈发多元，这对会计核算管理等都提出了更高的要求。现在，我国围绕市场经济对会计核算提出新要求，制定出适合在我国使用的会计准则，这是我国会计核算与会计工作的最新标准，十分符合我国企业经济发展的现状。最新标准有利于规范我国资本市场，提高会计水平，完善企业制度，并进一步推动社会主义市场经济的发展。

三、经济环境对会计发展的影响

（一）经济体制方面

经济体制对会计准则的影响与国家在经济发展中的功能息息相关，我国现在的基本经济制度是公有制为主体、多种所有制经济共同发展，主导作用还是需要由国有经济发挥。所以，制定会计准则应紧密结合我国的发展现状，如此一来，会计准则才能匹配我国的经济发展规划。

（二）从经济发展水平看

经济发展能够推动会计准则的完善，会计理论知识和实践水平都与经济发展息息相关。现在我国正处在高速发展中，经济水平与科技层次尚待提高，所以会计行业也有更大的进步空间。要想推动会计行业的持续进步，应逐步完善会计准则，让相关法律法规更健全。

（三）经济外向型程度方面

改革开放之后，我国综合国力有了大幅跃升，经济实力也有了显著增强，在国际上愈发有话语权，而且会计行业有了显著进步。所以，我国以后应加强和其他国家的联系，深入经济交流，以此扩大会计准则的规模。

四、经济环境下对我国会计发展的建议

（一）加快制定并实施会计准则

由于经济环境的持续变化，会计行业也是一直在更新中的，所以应以更完善、合理的会计准则为指导，形成健全的会计准则执行体系，统一会计制度。

（二）完善会计政策法规

虽然我国在会计行业已有不少相关法律，但不少细节还有待完善。在不断变化的会计形势下，有些法规在执行时不够严谨，无法有效管理与规范会计行业。所以，我国应不断贯彻落实会计政策，完善会计制度。

（三）按照国情需要推动会计的国际化发展

现在会计的国际化特征愈发显著。我国之前改革了股份制，许多私营企业涌现出来，海外企业也开始兴起。同时，我国需根据现在的经济、政治与社会发展情况，不断更新会计理论，建立符合中国特色的会计体系，使其有效服务于经济建设。

综上所述，经济环境的发展是和会计发展态势保持一致的，经济环境的重大变革也推动了会计的新发展。在经济一体化与全球化的发展趋势下，会计发展也需要与国际接轨，会计准则的国际协调是发展的重中之重。

第四节 人工智能时代下会计的发展

在信息化技术不断深入和更新的背景下，人工智能时代逐渐迎来了巅峰期。在人工智能时代下，人工智能给很多行业带来了挑战及便利，其中就包括了会计行业。会计行业在人工智能诞生之前都是以人为主导的职业，而在人工智能出现后，会计行业面对着很大的挑战，人工智能逐渐取代人工，作为会计工作的主体。人工智能摆脱了会计工作当中的很多困扰，为部分会计工作带来了一定的便捷。为了使人工智能逐渐和会计行业相互结合，需要正确认识人工智能的优势及不足，将人工智能与人工进行互补和创新，保证人工智能时代下会计行业的高速发展。

人工智能是社会发展的必然趋势，随着科学技术的不断进步，越来越多的人工智能代替了人工，并且比人工的效率和质量高，这无疑彰显了人工智能的优势。人工智能在给其他行业带来影响的同时也改变了会计行业的发展模式。传统会计行业以人为主导，可是随着人工智能的加入，会计的工作结构、数据处理方法及会计信息效率和质量都产生了很大的变化，人工在会计当中的比例逐渐下降，越来越多的人工智能取代了人，来开展会计工作。但是会计行业当中依旧有很多人工智能无法做到的事情，所以需要结合人工智能和人力的优势，将会计逐渐推向正确的发展方向，保证会计行业的高速发展。

一、转移会计智能的重心，提高工作效率

虽然人工智能在很多会计工作当中有着比人更高的工作效率，但部分工作却是人工智能也无法完成的，所以在将人工智能运用到会计行业当中

时，应该将人工智能的优势和人力的优势进行结合，在会计工作当中对两者进行有效的分工，以提高工作效率。在会计管理工作当中，核算和监督是会计行业最基本的职能，而传统的核算行业需要花费大量的人工、时间来进行计算、核算，这不仅耗费了大量的人力，而且常常因为人工疲劳工作而产生数据误差，导致一切工作的白费。随着人工智能时代的到来，人工智能可以通过自身的运算，将各类型的交易数据进行核算，以减轻人工的负担，提高核算的工作效率。通过转移会计智能的重心，将人工智能和人工进行合理的分配，保证会计工作的高效准确进行。

例如，在进行会计核算时，可以由人工智能来代替人工进行往复性、例行性的会计事项核算，让人工智能代替人工进行繁杂的、周期性的计算工作，从而帮助会计工作人员从核算大量数据的繁杂工作当中解脱出来，减少核算的时间及工作量，保证会计工作的高效率。同时，这样做也使人工智能能够与人力进行深化的合作、分工，保证了人工智能在会计行业当中的合理融入。

二、提高会计信息的安全性，减少人工失误

在传统的人工会计工作当中，常常会因为人工的失误或者疏忽而出现各种各样的低级问题，并且在出现非法录入的违规过程时，人工没有及时发现就很容易造成财产上的损失。而随着人工智能的引入，人工智能可以代替人工对数据进行监督，对信息的安全进行保障。人工智能不仅可以避免人工在转账过程当中出现的问题，同时还可以提高会计信息的安全性，保证会计信息在应用过程当中能够随时进行调整和监督。这不仅减小了人的工作强度，也使会计信息能够更加安全，提高了会计信息的安全性和可靠性。人工

智能可以对信息技术进行自动的储备，以减少人的工作量，并且可以对人工转账过程当中出现的失误也会进行及时的提醒和调整，促使会计工作的每一步都可以符合实际需求，为会计工作提供更多的便利。

例如，在人工转账过程当中，常常会出现很多低级的错误，如转账的数额不对、转账的账户不对，而通过人工智能则可以在转账过程当中自动输入数额和账户名称，保证了转账过程的安全性。再如，在人工智能转账的过程当中，常常会出现非法录入的违规行为，运用人工智能可以在非法录入违规行为运作的同时，对人工进行提醒及警告，减少会计信息的流失，保证会计信息的安全性，有效地提高会计信息的质量和可靠性。人工智能在人工进行会计核算的同时，还可以实时对会计信息进行保存，以防止人工在会计工作当中出现因没有对信息进行及时保存而造成的工作失误，为整个会计流程增加了保障，提高了会计行业在发展过程当中的安全性和稳定性。

三、健全人工智能管理体系，提供制度保障

随着人工智能的不断兴起，越来越多的人工智能投入到会计行业当中，但是有关人工智能的管理体系却十分少。在运用人工智能的过程当中，很多人不清楚人工智能在会计行业的双面性，在运用人工智能的过程当中侵犯了他人的隐私，构成了违法行为。所以，完善法律法规，健全人工智能管理体系是十分有必要的，只有为人工智能的开展提供相关的制度保障，才可以使人工智能更好地融入会计行业当中，给会计行业带来更多的利益和效率。在健全人工智能管理体系当中，应该将人力与人工智能进行合理的调整，明确人工智能在会计行业当中的定位，保证人力资源和人工智能搭配的最优化。

例如，应该健全相关立法，清楚地规定因人工智能而产生问题时的法律责任，并且要完善惩罚条例，增加相关的法律刑事责任，杜绝在会计行业当中通过人工智能违法的行为的出现。要建立人工智能专用的制度，根据不同的行业运用不同的人工智能，在人工智能管理体系当中将人工智能融入各个会计岗位，合理调整人工智能在岗位当中的权责。要完善人工智能融入会计行业当中的奖惩制度，通过奖惩制度使人工能够逐渐和人工智能配合，形成一个良好的内部整体，保证会计行业能够高速发展。

人工智能在融入会计行业时，需要与原来的人工进行适当的调配，以保证人工智能的高效性及整个会计行业的稳定性。通过健全会计行业中人工智能的相关管理体制，保证会计行业能够在人工智能的融入下稳定、高效发展。

第五节 网络时代会计发展浅议

会计是随着经济活动的出现而产生，随着经济的发展而发展的。而随着网络信息时代的到来，计算机技术与网络技术在会计领域的广泛应用与快速发展，颠覆了人们对传统会计的诸多认识。本节对目前网络时代会计发展的新趋势及所面临的问题进行分析，并提出应对措施。

一、网络会计的具体含义及相关特征

网络会计，是指在互联网环境下对各种交易中的会计事项进行确认、记录和披露的会计活动，其实质是建立在网络环境基础上的会计信息系统。相比传统会计，网络会计有其不同的表现特征。

（一）复杂多样

网络会计具有复杂多样性。因为会计信息系统的网络化，不同地区、管理层、时间、需求的会计信息都可以通过网络传递。网络带来了各种各样的平台，消除了各种会计信息间的物理距离，多样化的会计信息可以更好地帮助决策者做出正确的决策。网络会计需要的不仅仅是一般的计算机技术，更需要先进的网络和通信技术，使会计信息系统能更好、更快、更通畅地发展下去。

（二）纸质化过渡到电子化

网络时代的会计由纸质化过渡到电子化。这个时期的会计数据基本上都已经电子化。企业的生产、销售、购货以及账务处理都在电脑上操作，所有的交易基本上都是电子交易，所有资金的传递和结算都通过网络平台实现。

（三）开放全面

网络时代的会计是全面开放的。网络的出现使各个部门可以通过网络相互交换公司的财务信息，获得消息的渠道也开始多样化，大家可以通过网络共享各种资源。

（四）动态集成

在信息化的条件下，会计子系统只是企业管理信息系统的一个组成部分，它与其他子系统密切联系；每个相关会计工作人员都可以动态地跟踪企业的业务变动。

二、网络时代会计发展新趋势

（一）支付结算的电子化、高速化

企业将采购应付款项从账号或个人信用卡直接支付给对方，实现了支付方式的电子化。它预示着企业间的结算将会进入高速度、高质量、低成本的时代。

（二）财务信息与业务信息的共享化

网络的普及使得财务软件从部门级应用向企业级应用发展，也使得财务信息和其他业务信息相互连接、彼此共享，从而实现财务信息和业务信息的协同。首先是财务信息与内部业务协同。尽管企业内部的业务流程很多，但一旦产生财务信息，就要送入财务系统进行加工、储存和处理；财务系统产生的有关数据同样要及时送给业务系统，从而保证财务与业务的步调一致。其次是财务信息与外部业务的协同。内部业务之外的每个业务活动所产生的财务信息都必须及时进行处理，并将处理结果反馈给外部的业务流程，实现与外部业务的协同。

（三）决策支持群体化，工作方式网络化

决策支持群体化，是指互联财务软件将使传统财务软件采用的单机或局域网决策方式，变为广域网多人参与决策支持的方式，并突破原有的空间、时间、效率等观念。与此同时，财务人员的工作方式也逐渐向在线办公、分散办公、移动办公、远程传输和查询以及在线学习等方向变革。

（四）会计人力资源价值将产生巨大变化

网络财务系统是建立在网络基础上的。它的推出及应用，使企业的经营打破了时空的限制，在管理方式上割除了传统的财务管理模式。因此，会计工作人员除了具备会计、税收、金融、法律、审计、市场营销和企业管理等相关知识外，还必须能熟练地利用计算机网络实现会计核算、会计分析以及经营预测、决策，为企业提供及时、可靠的经济信息，最终实现企业价值最大化的目标。

三、网络时代会计面临的问题

（一）会计信息在传递过程中的真实性、可靠性、完整性

1.会计信息的真实性、可靠性、完整性

在网络会计环境下，仍然存在信息失真的风险。尽管信息传递的无纸化可以有效避免一些人为导致会计失真的现象，但仍不能排除电子凭证、电子账簿可能被随意修改而不留痕迹的行为。对于这点 SAP（systems applications and products in data processing）已经做得很完善了，它已经设定任何凭证不可在原有的基础上修改，只能冲销重做。SAP 说明这个问题是有可能随着时代的发展而得到解决的。

2.财务机密的保密性

企业的财务数据属于重大的商业机密，在网络传递过程中，有可能被竞争对手非法截取，造成不可估量的损失。因此，保证财务数据的安全也不容忽视。

3.会计信息是否被篡改

会计信息在网上传递过程中随时可能被网络黑客或竞争对手非法截取并恶意篡改，同时，病毒也会影响信息的安全性和真实性，这些都是有待解决的问题。

（二）计算机硬件和网络系统的安全性

1.计算机硬件的安全性

网络会计主要依靠自动数据处理功能，而这种功能又很集中，自然或人为的微小差错和干扰，都会造成严重后果。影响计算机硬件安全的因素有：①自然因素，如火灾、水灾、鼠灾等都会对计算机硬件造成损坏，严重的还

会造成系统故障甚至崩溃；②管理因素，如果管理不力，使得计算机被盗，或使光盘、磁盘等磁介质载体档案得不到妥善保管，就会造成信息丢失或泄漏；等等。

2.网络系统的安全性

网络是一把双刃剑，它使企业在利用网络寻找潜在贸易伙伴、完成网上交易的同时，也将自己暴露于风险之中。这些风险来自：①泄密，未授权人员非法侵入企业信息系统，窃取企业的商业机密，从而侵吞企业财产或通过出卖商业机密来换取钱财；②恶意攻击，网络黑客的蓄意破坏或者病毒的感染，将可能使整个系统陷于瘫痪。

（三）全面性会计人才的缺乏

会计电算化复合型人才要求会计工作人员既要掌握全面的会计专业知识、相关行业会计制度，还要掌握丰富先进的计算机知识，必须拥有相关的网络知识和管理知识，能够解决实际工作中存在的问题。在新网络时期，企业迫切需要核算型、网络型、管理型三型合一的全面型人才。

（四）对会计软件的新要求

1.对会计软件开发商的要求

互联网上的互访加深了企业间的相互了解，如何运用网上其他企业的会计信息进行及时有效的比较分析，得出对本企业有决策价值的信息，进一步实现会计核算层向财务管理和决策支持层迈进，是网络会计对会计软件开发商的新要求。

2.对会计软件运行环境的要求

随着网上电子商务的发展，各类业务不断增多，会计数据更加复杂，会计信息的处理量将大大增加，如何使会计系统向网络多用户和管理信息系统深化，是网络会计对会计软件运行环境的新要求。

四、网络时代会计发展应对措施

（一）会计信息系统的应对措施

1.加强硬件与软件控制

硬件方面要尽可能提高计算机硬件系统的安全可靠性。首先要选购品牌好、有质量保证的计算机硬件设备；其次要采用适当的硬件双机备份方式；最后要有安全良好的工作环境，单独设立计算机房，远离一些高强度的电磁场，远离易燃易爆和其他受污染的场所。软件方面常用的控制措施主要有：对各种程序采取保密措施，以防止操作者对指令进行篡改；购买的各种软件必须经过授权方可拿来使用；安全程度不等的数据应赋予不同的访问级别；自行开发的软件，应选择专门的软件技术和开发工具，并由相关人员进行管理。

2.会计信息系统的安全度和保密手法的强化

会计信息系统是人与机器面对面的特殊平台，因而对数据的安全性、保密性提出了更严格的要求，要把数据的安全问题放在首位。会计系统应实行用户权限分级授权管理，使系统不被越权操作，从而保证系统的安全。最好采用先进的身份验证技术，如加密、指纹认证、面孔识别等。

（二）会计工作人员适应网络时代会计发展的应对之策

及时更新专业知识，努力适应社会发展。会计工作人员一般都有较好的专业功底，特别是经过长期的专业实践之后，许多会计工作人员在养成了严谨、认真、细致的工作作风的同时，也养成了趋于保守的心理习惯。传统的基础会计、财务会计、财务管理、成本会计、管理会计、审计等专业知识，在网上支付、网上销售、网上理财等新浪潮的冲击下已经被赋予了新的含义。因此，巩固老基础、掌握新知识、提高学历层次、改善知识结构是做好会计工作的根本，否则，再良好的工作作风也代替不了专业知识更新的内容，再美好的愿望也代替不了严酷的现实。

学好计算机知识，努力掌握必备工具。网络信息时代中最重要的工具无疑是计算机。网络信息时代的计算机知识已不再是一种技能，而是会计工作人员必备的一种工具。会计工作人员应结合自己岗位的特点，进行有关财务软件的简单维护，熟练掌握常用办公软件的使用方法，正确运用电子邮件、资料检索、信息整理等。

拓宽专业视野。未来社会所渴求的会计工作人员将是兼容科技与管理知识、具有多元知识结构的复合型人才。因此，会计工作人员在精通自己所学专业知识的同时，还要关注与会计专业密切相关的一些知识的学习和积累，进一步加深对本专业知识内涵的认识，努力拓展自己的专业视野。会计工作人员只有通过不断学习，才能在飞速变革时代中始终立于不败之地。

第六节 "互联网+"对现代会计发展的影响

随着社会经济的不断高速发展、科学技术的进一步变革更新，现如今我们的社会生活已经成为了"互联网+"的时代。"互联网+"是一种新型的经济状态，它不同于以往的任何一种形式，它利用当今最先进的互联网技术与线下的各个领域进行深度的优化与合作，从而实现经济上质的飞跃。"互联网+"正在逐步渗透各个办公领域，当然会计行业也不例外，只有将互联网技术与现代会计发展互相结合，才能更好地推动会计行业稳定健康的发展。

紧随着社会经济的不断高速发展，我们的时代标签已经被成功地镶刻上了"互联网"这个清晰简洁的现代名词，它已经深深地嵌入了人们的思想生活。"互联网+"正在逐步渗透各个办公领域，关键就在于谁能够抓住先机，尤其是企业中的会计，只有不断地融合互联网技术，才能让自己在这个竞争激烈的环境中取得一席之地。"互联网+"以计算机的发展进步为背景，为会计工作提供了高科技，对现代会计的发展产生了巨大的影响，因此在了解"互联网+"为会计工作带来什么样的机遇的同时，我们也应该仔细地思考现代会计因为"互联网+"而面临着什么样的问题，并针对这些问题提出相应的改进对策。

一、理论概述

"互联网+"表示着一种新的经济形态，它依托互联网信息技术实现互联网与传统产业的联合，从而达到优化各种模式完成经济的转型和升级的目的。"互联网+"的目的就在于充分地发挥互联网的优势，与各个领域的行业连接起来，这就好比是一种连接方式，利用特殊的符号作连接工具，当媒体与互联网相连接就形成了网络媒体，当网购与互联网相连接就形成了电子商务，当出行与网络相连接就形成了滴滴打车。"互联网+"不仅为我们这个社会创造了接连不断的新鲜活力，更是成为大众创业、万众创新的新工具。

会计是以货币为主要计量单位，运用专门的方法对企业、机关单位或其他经济组织的经济活动进行连续、系统、全面的反映和监督的一项经济管理活动。现代会计是商品经济发展的产物，是在会计的基础上由手工簿记系统发展为互联网技术系统，实现了传统工艺与现代信息技术相结合。在当代政治、经济、科学技术的突飞猛进中，现代会计已经形成了财务会计与管理会计两大分支了，而且日渐向管理会计方向靠拢。

二、"互联网+"为会计工作带来的机遇

当"互联网+"与现代会计相互碰撞之后，大数据背景已然主导了科学技术的发展趋势，"互联网+"不但可以加快企业的会计信息化建设，还能全面充分地发挥管理会计的职能，为现代会计发展带来新的机遇。

（一）"互联网+"为现代会计的发展提供了新支撑

由于计算机技术的飞速发展，会计岗位的工作也逐渐地利用起它来了，记账方法由传统的手工记账转变为会计电算化模式记账，会计数据由传统的纸质版朝着电子版方向发展，逐步实现无纸化目标。在当代社会生活中，电子结算方式也普遍应用起来了，以前我们使用纸币付款，而现在出现了电子化支付方式，我们可以利用微信、支付宝、银联等方式向商家付款，结算支付的电子化也为企业的经营提供了便利。互联网的普及使现代会计的财务与业务互相协同化，能够更快地完成会计工作，促进现代会计的发展。

（二）"互联网+"提高了会计工作的效率

由于现代科学技术的飞速发展，现代会计已经在互联网的基础上进一步向网络会计方向发展，"互联网+"技术大大缩短了信息传递与接收的时间，在一定程度上能够迅速地提高整个企业会计工作的效率，与此同时也在不断地突破许多的会计难题。现在的某些企业在日常的会计工作中，财务信息收集慢、调集数据时间长，而且这些数据还不是特别完整，存在着许多的漏洞，在这种情况下，"互联网+"为企业提供了新的手段、工具和更为可靠的数据支持，云共享技术集中所有企业数据库和信息管理中心的会计数据，

并且进行实时更新，方便企业在有需求时能够及时地进行分析解读，使会计工作能够便捷地开展起来，实现集中管理的新型财务体系的建立。

（三）"互联网+"加快了会计信息化的建设

在"互联网+"技术日趋成熟的演变中，我国的社会主义实体经济也有所发展，而当今社会也步入了大数据时代。在"互联网+"影响现代会计发展的同时，电商的出现使得会计信息化更进一步，随着苹果、安卓手机的日益更新，网购生活也深入人家，拼多多、手机淘宝、天猫、唯品会捉住人的眼球，而美团、饿了么的外卖系统更是给人们带来了方便，更不用说携程、同城、飞猪这些常见的买票软件。现在电商的网上交易使得会计数据信息电子化，加快了会计信息化的进程，也加快了信息化建设的脚步，推进了现代会计的发展。

（四）在"互联网+"环境下管理会计的作用将得到充分和全面的发挥

迄今为止，我国的计算机普及率已经达到一个高标准的水平，在"互联网+"技术的进一步发展过程中，一些企业的高层也在不断地加强对会计信息质量的严格把控，避免出现威胁而影响了整个企业的发展。而"互联网+管理会计"为企业开启了新的运营模式，在生产部门中，云存储提供的企业信息资源共享平台，提高了管理会计的效率；在采购部门中，可以利用企业信息资源共享平台上的大数据进行信息的分析，实现对各类供应商之间的价格对比与货款支付流程等采购过程的实时监督；在企业的人力资源部，利用互联网来实施人才的选拔，快速地找到适合企业的人才，降低了企业的运营成本。在"互联网+"时代，信息化的进步为企业的管理会计发展提供了新的技术支持，企业利用互联网技术进行管理会计创新，在会计工作中充分地发挥管理会计的决策作用，优化管理会计的价值，提高企业的经济效益。

三、"互联网+"环境下现代会计工作面临的问题

"互联网+"在不知不觉中改变了企业根深蒂固的经营模式与理念思想，也使现代会计工作发生了巨变。

（一）财务会计理论的变化跟不上互联网的发展速度

"互联网+"的飞速发展对会计理论的发展提出了更高的要求，传统的财务会计理论以会计主体假设、持续经营假设、会计分期假设和货币计量假设为基础。随着互联网逐渐充斥着人们的社会生活，传统的会计理论已不再适应社会的新变化，渐渐地跟不上互联网的发展需求，就好比传统会计理论假设的内涵与外延都在一定程度上受到了市场方面的冲击，这在客观上要求会计法律法规和规章制度要适应市场的需求，以进一步加快会计信息化的建设。

（二）企业会计信息共享滞后

随着互联网信息平台的技术越来越高端，各个企业对金融方面投入的资本越来越多，各个部门开始招聘、培养新阶段人才，工作量的大幅度增加使企业的生产与发展变得缓慢。各个企业内部之间的管理系统发生了故障，管理层的一些重要数据太过繁杂而导致难以进行匹配，这增加了传统会计的工作量，使传统会计不能及时地进行整合、校对，出现的错误率越来越高。各个行业也在不断地发展，对会计数据的质量要求也变得越来越高，数据信息的共享程度只能满足企业内部人员的工作，企业外部之间的信息共享滞后了，在互联网时代下，企业的信息共享技术还处于初步地位，并不能广泛地应用于工作生活中，这制约了企业的经济发展。

（三）财务信息的网络安全性有待提高

现代社会随着"互联网+"的发展在不断地进步，朝着网络经济时代发展，而财务信息在"互联网+"环境下的安全问题成为了重点关注的问题，在互联网技术的更新普及中，我们经常发现电脑会被各种计算机病毒所侵占，例如常见的"木马"病毒，它给会计信息的网络安全带来了巨大的隐患，造成了严重的经济损失，破坏了各个企业的财政安全体系，影响了公司的正常运行。如果网络技术的安全问题无法解决，我们的计算机系统就会随时面对突然死机和瘫痪的情形，这将会严重影响现代会计的发展。

（四）适应"互联网+"环境的会计专业人员短缺

在互联网时代下，每一个企业的工作模式都在面临着转型的严峻挑战，而原先的会计工作人员也已不再适合现代岗位上的工作了，他们的会计水平处于初级阶段，已经满足不了信息化时代会计的行业需求，导致了会计工作的进度变得缓慢而影响了企业的效率，所以必须重新为他们注入新鲜的生命力。会计专业人员的短缺现象，使每一个管理者在招聘人才时优先考虑的是计算机技术的应用能力和社会的实践经验。目前企业的会计工作人员都是从各大高等院校招聘而来的，受学校教育应试影响，他们只重视专业知识的学习而忽视了最基本的实践经验和技能，忽略了时代在变化、互联网在发展。而"互联网+"的普及对会计工作人员的要求也变得越来越高了，综合财务会计与管理会计双层次的人才已成为这个时代的主流，然而能够适应互联网环境的会计专业人员却是越来越少了。

四、"互联网+"环境下现代会计发展的改进策略

由于"互联网+"在不断地进步，我们的会计工作面临着各式各样的

问题，所以应该在最大程度上发挥"互联网+"的优势，针对上述会计工作问题提出相应的解决策略，把"互联网+会计"这个特殊的模式做到更好、更强。

（一）加快会计理论框架的更新

在"互联网+"环境的影响下，传统的会计理论模式已经跟不上互联网发展的步伐。为了尽快适应"互联网+"环境下会计行业的新要求，促进现代会计的新发展，必须加快进行会计理论框架的更新，完善会计理论体系建设。以传统的会计理论假设为基础，在互联网模式的催生下，对它进行新一轮的评估，抛弃掉不适合"互联网+"发展的理论，及时地通过实践来更新会计理论框架，并在会计核算过程中结合大数据理念，提升会计处理的效率性，满足"互联网+"时代的发展。

（二）实施互联网会计数据信息共享

在大数据背景下，大多数企业采用的都是相似度极高的计算机系统，为了实现内外部业务信息的有效共享，现如今许多企业运用了 ERP 系统（Enterprise Resource Planning），利用它与电子商务系统进行匹配引入，有效地获得了各种财务数据信息。企业在不同程度上建立起信息资源共享平台，作为信息共享的主体，系统供应商不断地更新会计信息管理系统并与会计信息化技术相互融合，力求在最大程度上实现企业信息资源共享。在"互联网+"的环境下，云共享技术实现了企业间的信息快速交流，利用计算机系统整合会计信息并将信息传输至云端，实现信息共享。企业在加强内外部管控时协调好整个社会链条，以减少数据冲突问题。

（三）建立会计信息安全责任机制

因为没有相关法律法规的制约，再加上互联网技术存在的漏洞，导致现代会计信息安全无法得到充分的保障，而"互联网+"技术还在不断地进步，各种信息威胁还在层出不穷，会计信息的安全问题成为了重中之重，我们应该为会计信息管理系统设置一套精密的身份识别系统，对系统进行权限设置，对操作人员追加人脸识别、增设指纹解锁与密码密钥以增加保密级别，建立安全网关与安装防火墙系统并定期进行安全检查。

（四）培养互联网时代会计全能型人才

现如今，会计岗位上的人员并不是全能的，每一个人的职业能力都参差不齐，在这个"互联网+"技术引领的时代潮流中，人才资源是发展的核心。《会计改革与发展"十三五"规划纲要》提出：促进广大会计工作者知识结构进一步优化、职业道德素养进一步提高、执业能力和服务水平进一步提升。在会计信息化环境下，我们要培养应用型与复合型的全能型会计人才，坚持理论与实践的相互统一，要相信实践是检验真理的唯一标准，要具备良好的文化素质与文学素养，要坚持"活到老，学到老"的学习理念，不但要清楚地掌握财务会计知识，而且要熟练地操作计算机基本技能。

时代在不断地更迭，"互联网+"在与时俱进，"互联网+教育"开启了网络视听学习、"互联网+电商"掀起了网购热潮，而"互联网+会计"使现代会计达到了一个新的高度。在面临会计理论的变化达不到互联网的发展速度、会计数据信息安全和适应互联网环境的专业人才缺失的情况下，我们要在接受与融合的道路上实施互联网会计数据的实时共享、建设会计信息安全责任机制和培养全能型会计人才，在互联网技术的发展中不断地改造与创新，促进现代会计产业的稳步发展。

第七节 浅谈生态会计发展

在科学技术迅速发展和经济规模迅速扩大的同时，生态环境也在一步步遭到破坏，生态问题已迫在眉睫。针对此类现象，我国近几年引进了生态会计新概念，用以配合中国的生态文明建设，目前虽已取得了一些成效，但整体效果还是不够理想。本节浅析生态会计的概念以及传统会计存在的弊端，以此来深层次探究生态会计在我国推行的重要意义。

随着社会的发展，时代赋予了会计新的含义和职责，并随之产生了生态会计。生态会计就是将会计基本的核算监督职能应用于生态环境，其实行的重要性与意义逐渐显现。

一、生态会计的产生与应用

如今，全球生态环境破坏严重，土地荒漠化、资源短缺等越来越威胁着人类的生存。为了解决这些问题，人们提出了"可持续发展"这个新名词，生态会计也应运而生。生态会计是一个由传统会计学向生态经济管理范畴延伸的知识体系，是环境会计的发展和传承，它将生态环境要素纳入会计核算体系，使企业加强自身产业对环境影响的考量。通过一定的核算方法，生态会计为生态经济管理提供数据资料，再根据获得的数据进行统筹，协助管理当局制定基于生态经济系统的决策。推动生态会计的实施，是为了实现生态效益、社会效益和经济效益三者之间的相互关系，建成经济、社会、生态相协调机制。

生态会计的概念在一些国家早有应用。例如，日本政府要求企业及时发布生态环境信息，并且借助第三方来审计、核算企业发布的信息内容。在美国，各联邦政府要求地方形成一环接一环的监管机制；证券交易管理部门和环境保护部门要求企业对外披露生态环境信息，分析、核算并预测出企业未来的生态发展趋势。

综上，我们可以说生态会计是一个工具，企业运用该工具进行成本效益核算，不仅加大了传统会计的核算深度，也加强了社会与自然生态环境的联系程度，有利于发挥会计体系反映生态信息的新功能。

二、传统会计体系对环境因素计量的弊端

传统的会计体系只针对企业内部，其实质是一个经济信息系统，在企业或其他组织范围内反映和控制企业或者组织的各种经济活动，而没有放眼于整个社会，几乎没有考虑可持续发展机制，无法满足企业持续、健康、稳定发展的要求。

首先，我国传统的会计体系以经济为核心，以发展为实现目标，忽略了生态环境与经济发展同等重要的前提。即使国家推行了可持续发展的战略方针，但还是避免不了在经济飞速发展的背景下的生态破坏。所以，目前传统的会计体系还是无法解决由企业生产经营所造成的生态破坏问题，难以约束企业破坏生态环境的行为。

其次，我国传统的会计体系也难以建立衡量企业资源浪费和环境破坏的标准。现行会计体系以货币为衡量标准，通过会计职能提供相关会计信息，而生态问题中的很多方面是难以用货币准确计量的，并且生态破坏的后果也难以用简单的会计公式来进行预计和核算，例如许多无法量化的环境信息，如生态资源消耗量、污染物排放量等，因而现行会计体系无法获得准确的会计信息来进行评估计算，也就无法采取有效的保护措施来降低资源的

浪费和环境的破坏。

最后，现行的会计体系没有为生态环境设立专门机构，社会上缺乏生态会计工作人员。一些数据表明，我国每年仅因水污染等造成的损失就占国内生产总值的5%以上。社会上缺乏能够综合经济和生态两方面利害关系进行合理规划和协调的人才，现阶段对会计工作人员的生态会计普及教育也十分匮乏。综上，国内生产总值的虚增以及环境破坏日益严重、环境资源日益枯竭等情况的出现并未得到有效遏制。

三、生态会计在中国的推行

生态环境的保护与人们的生活息息相关。我国经济飞速发展的背后，是总体环境的恶化，政府、企业为治理污染花费巨大。与此同时，我国在环境保护方面起步晚，措施、法律法规等还不完善，生态会计作为一个新概念在我国也并未得到有效推广。因而，无论从企业经济利益最大化的角度考虑，还是就社会可持续发展而言，我国推行生态会计都很有必要。但毋庸置疑的是，只有社会上存在生态会计信息的使用者和供给者，生态会计体系在我国才有可能真正建立起来。

从生态会计信息的使用者角度来说，主要包括政府、社会公众和经济利益相关者（企业）三部分。政府需要生态会计信息对企业生产环保状况做出判断，并制定相关的政策措施，同时完善奖惩制度。我国相关法律法规存在漏洞，使一些破坏环境的企业即使缴纳罚款也有较大收益，故而企业不将环保纳入生产成本考虑范围。政府是社会可持续发展的倡导者，从某种程度上说，政府是生态会计信息最重要的使用者。就社会公众而言，社会公众是环保利益相关者，企业生产行为造成的环境污染，必定会影响公众的生活，

PM2.5 带来的重重雾霾至今让一些地区的发展深受困扰。因此，社会公众也需要生态会计信息来判断一个企业的环保能力，同时判断自身的健康状况是否会受到影响。企业是经济利益相关者，一个能够及时、有效提供本企业生态会计信息的企业一定会在众多企业中脱颖而出，尽管最初企业因为环境治理可能要花费更高的成本。从另一个角度来说，生态文明建设已成为社会发展的潮流，一个注重环境保护的企业在追求经济效益的同时，也拥有了较强的市场竞争能力。

从生态会计信息的供给者角度来说，目前我国不少企业在财务报表或日常内部会议中都会或多或少地披露相关生态会计信息。未来，生态会计信息应当以独立环境报告的形式进行披露，只有完整、独立的环境报告才能详细反映一个企业的生产经营过程对环境造成的影响及相关治理措施。政府也可将这些信息进行汇总，对现有生态信息系统进行完善，向社会公众提供与之生存、生活息息相关的生态会计信息，如水资源生态信息等。

生态会计体系的构建不是一蹴而就的，环境治理还有很长的路要走。首先，我们需要完善法律法规，我国现行法律仍不健全，不断完善法律法规将为生态会计的推行提供法律保障；其次，完善现有会计理论，现有会计理论仍以经济为中心，关于生态会计的理论较少，难以形成健全的理论体系，因而，完善有关生态会计理论，将对生态会计的推行提供有效指导；最后，生态会计的构建离不开生态审计的监督。生态审计模式，既包括政府生态审计，也包括企业内部生态审计，既要对离任领导所辖地区生态资源资产进行核算（如 2013 年江西作为试点，率先实行离任生态审计模式），又要对企业内部生产经营对环境造成的影响进行监督，帮助企业制定环保政策，走低碳高效的发展之路。除此之外，科学技术在内的诸多因素都会对生态会计的构建产生影响。

生态会计顺应环保的潮流产生，尽管我国在推行生态会计时仍面临来自信息披露、定量定性核算等方面的障碍，但可持续发展的趋势无法阻挡，民众都在为构建一个绿色地球而努力。只要我们下定决心，愿意放弃眼前利益整治环境，那么生态会计的推行一定不是梦想，生态环境的改善也指日可待。

第三章 会计发展的创新研究

第一节 大数据时代会计的发展

数字经济时代的来临,对企业会计发展提出了新的要求,本节对大数据时代会计环境的变化对会计发展的影响及挑战进行了阐述,并对应对会计发展提出了建议。

数字经济时代已经来临,数字经济将人类从工业时代带入了信息时代,引领了财务和会计的变革。对于企业来说,这既是机遇也是挑战。2017 年,"数字经济"首次被写入我国政府工作报告。报告中指出,推动"互联网+"深入发展,促进数字经济加快成长,让企业广泛收益、群众普遍受惠。

一、云会计环境

云计算作为继互联网之后一项最值得全球期待的技术革命,它以低成本处理海量信息的魅力已经逐渐被各行各业所接受,正在积极影响着各领域,会计领域也不例外。云会计环境和传统的信息化环境不同,企业在云会计环境下不再需要花费巨额的资金购买软件和服务器,只要根据自己的需要向云会计供应商订购自己需要的服务,就可以在线使用。在云会计环境下,企业的经济活动处理都在云端集成，企业可以根据自己的需要通过互联网获取云会计服务，并且当会计准则发生变化时，企业可以及时采用新的会计处理方法，与会计准则保持一致。在云会计环境下，企业可以根据自己企业的业务特点创建适合自己的会计信息系统，异地办公的会计工作人员可以通过云端随时随地处理账务，企业相关管理人员也可以实时查看企业的财务数据、监控财务状况和经营成果，并且对降低成本、提高效率、解决财务共享难度大等问题起到了积极的作用。

二、大数据时代对会计工作人员提出了新的要求

会计电算化的兴起，使得会计工作人员从手工做账过渡到了在计算机上进行会计处理。但是，会计电算化的实施主体是人，所以会计信息质量不可避免地会受到会计工作人员水平的影响。以往的会计舞弊案的发生，使得人们对会计信息的真实性提出了怀疑，会计职业道德的缺失也引起学术界的普遍关注。

在云会计环境下，会计信息的搜集、处理及会计工作流程都发生了变化，这对会计工作人员的职业道德等提出了新的规范和要求。在云会计环境下，会计工作人员将时空分离地从事会计工作，这对会计工作人员的职业操守提出了更高的要求，要求会计工作人员具备更高的职业责任、更严的职业纪律，加强协同服务，增强保密意识。这对会计工作人员提供的会计信息质量有着直接的影响。在大数据时代，会计工作人员要积极适应转型升级。首先，观念的改变是第一要务，工作方式的改变是重点。数字经济时代的新型会计工作人员不仅要懂业务、敢创新，还需要具有多样化的数字技能和业务技能。

三、大数据时代对会计数据的影响

随着大数据时代的到来，决策不再是凭经验和直觉，而是基于数据的分析和优化。将企业的经济业务数据与会计、财务及资本市场数据结合起来，提高会计信息质量，建立经营业绩和公司财务绩效的相关性和因果关系，对企业的经营决策具有重大的意义。

会计数据是会计事项的各种未曾加工的数字、字母与特殊符号的集合。在我国，各个行业实施的会计准则一般不同，企业业务类型的多元化不可避免地会产生多样化的会计数据。企业往往会因为所处生命周期阶段的不同而采取不同的企业行为，尤其是创新和融资行为，这些行为的差异往往会产生差异化的会计数据。会计信息质量的优劣在很大程度上依赖于 AIS 处理的原始会计数据的质量特征。企业的购、销、存等一系列经济活动都会产生大量的数据，各个企业在不同时期或在子公司之间的不同业务中，会根据自身的业务流程调整自己的实施战略，这样传统的数据处理就无法满足及时性要求。在大数据时代，经济活动的处理方式集中在云端，企业可以随时根据自己的需要灵活地选择相应的服务。

四、大数据时代面临的挑战

相关法律、法规的滞后。在大数据时代，让企业利用共享会计还需要一个适应过程，企业已经习惯聘用固定会计工作人员模式，而共享会计是基于互联网的一种新型模式，还没有相应的法律、法规的约束，所以共享会计将面临一段没有法律、法规约束的发展阶段。

（一）大数据来源的挑战

在大数据时代，互联网上的任何一种资源都可能成为数据来源方式，而大数据时代的信息处理是通过特定的程序加工出来的，结论可能更客观，但是如果数据提供者弄虚造假，带来的负面影响是不可估量的。

（二）客户认可度的挑战

对于大数据，很多企业及会计工作人员不积极接受它，不知道云计算为何物，不知道互联网能给企业带来什么经济利益，这使得大数据的推广受到阻碍。对于云会计的使用推广，改变现有的传统观念及现有的会计信息系统是一个很艰难的过程。

（三）网络传输的挑战

云会计是基于互联网数据传输的，这对网络传输环境提出了挑战。网络满负荷、网络延迟等都是由大量的数据传输造成的，超负荷的数据传输成为会计信息化的一个瓶颈。

（四）会计信息安全难保障

在大数据时代，会计工作依赖互联网，通过互联网收集数据和信息，然后经过一定的流程对数据和信息进行处理。首先，大量的会计数据对保存载体提出了挑战。其次，会计信息系统与网络充分衔接，利用数据之间的关系，生成准确的、完整的会计信息。这些对企业软件、硬件及数据平台都提出了更高的要求。大数据依托网络，既带来了便利，也面临着会计信息容易泄漏、信息安全难以得到保障等问题。

（五）内部控制制度缺乏

作为新兴出现的事物，传统的会计模式和大数据时代下的会计模式肯定有很大区别，内部控制制度也不同。原来的会计机构、会计岗位职责、会计工作流程等都需要进行变革，但是针对新的"互联网+"下的内部控制制度还未成形，无法进行内部控制。

五、大数据时代下会计发展的建议

加快会计信息化资源共享平台的自主建设。在各个领域的技术更新及技术研发过程中，资源共享平台的建立是其中的一个关键环节，同时也是规范化发展的重要举措。资源共享平台的建设可以迅速实现信息资源之间的交流和沟通、资源的优势互补、问题的共同研究和解决，可以充分发挥集体智慧的作用，最终达到更加专业化、稳定化的效果。在会计信息化发展过程中，资源共享平台的建设加快了会计信息化发展速度。建设资源共享平台是会计信息化过程中数据处理速度加快和资源搜索困难降低的有效办法。所以，需要国家和政府投入资金和相应的政策支持，鼓励会计信息化资源共享平台的建立。同时，资源共享平台也是企业资金流通、企业之间信息交流以及企业之间物流协作效率提高的重要手段。通过会计信息化资源共享平台的自主建设，进一步确保企业的信息建设一体化程度提高，从而提升企业的会计决策信息可靠度。

企业转变传统观念。首先，企业管理者的观念和认识需要改变，只有有了明确的行动方向，才能更好地规划会计的发展。而我国目前很多的会计工作人员对大数据下的会计理念认识不到位，将会计信息化等同于会计计算效率的提高，没有从理论发展的高度对云会计进行正确的认识；并且，很多中小企业的经营管理人员，思想老旧保守，对信息化建设和技术的引用不够重视，资金投入不足，不能从企业长远发展的角度进行目标的制定。

提高会计人员的综合素质。大数据时代对会计工作人员的专业技术、信息技术和电子技术都提出了更高的要求，提高会计工作人员的综合素质是会计信息化建设的关键。

第二节 我国环境会计发展研究

环境会计是生态补偿机制建设的重要组成部分，为生态补偿标准和补偿资金的合理确定提供了理论支持。在生态补偿背景下，重构环境会计核算体系，改革和完善以生态补偿为主要核算内容的环境会计制度建设，是环境会计核算的重要内容。它可以更好地促进我国环境会计向前发展。

自党的十八届三中全会提出实行生态补偿制度以来，生态补偿的理论研究和实践得到了长足发展。这对我国生态环境保护和生态补偿制度化建设产生了积极而深远的影响，同时也为我们研究环境会计提供了一个新的视角和机会。

环境会计作为生态补偿机制建设的重要组成部分，在生态补偿实践的背景下被赋予新的职能和使命。如何推动环境会计进一步发展，充分发挥其在经济社会发展中的作用，以提升社会经济发展质量，将成为政府相关决策部门和理论工作者的重要议题。本节从生态补偿的视角，尝试重构我国环境会计核算体系，进而完善以生态补偿为主要核算内容的环境会计制度建设，这不仅可以促进环境会计的向前发展，而且可以为我国经济社会的可持续发展提供理论支撑。

一、我国环境会计发展现状及存在的问题

（一）理论研究方面

近年来，生态环境治理作为国家治理体系现代化的重要组成部分，受到政府部门的高度重视，环境会计也随之兴起和不断发展，有关环境会计的研究受到了学术界和政府的高度关注，国内学者围绕环境会计展开了大量的研究工作。通过查阅和分析文献可以发现，环境会计的研究主要集中在以下几个方面：一是环境会计核算；二是环境会计信息披露；三是排放权交易会计；四是环境成本管理；等等。虽然国内对环境会计的研究起步较晚，但研究中出现了诸多亮点，例如韩彬等人以低碳经济为视角，从会计目标、核算主体、会计要素等七个方面对环境会计核算体系进行了构建，同时提出了发展我国环境会计核算体系的建议；冯巧根根据环境管理会计国际指南的相关准则，结合我国环境政策及相关的法律法规，通过企业环境成本管理，重新构建了一个适合我国国情的环境成本分析框架，从而为完善我国环境成本确认、计量以及优化环境成本管理提供了科学依据；袁广达在资源环境成本管理的基础上分析了环境会计理论的构成、属性和功能、与资源环境的关系、发展动力、发展方向及基本规律，为环境污染控制的会计行为提供了较好的思路，也为未来环境会计学科的发展和学术的深入研究提供了良好的条件。

上述对环境会计的研究虽然取得了丰硕的成果，但还存在一定的不足之处，主要表现在以下几个方面：第一，在研究内容上，理论研究较多而实务研究较少。对环境会计的研究主要集中于理论综述、制度建设和信息披露等方面，实务方面的研究较少，鲜有把中国现有的环境状况与企业具体实际

情况相结合的应用研究。第二，在研究视角上，重视微观层面的研究而轻视宏观层面的研究。由于生态环境的特殊性，不同于研究传统会计，研究环境会计时，人们必须同时将宏观环境会计和微观环境会计的研究结合起来。但先行的对环境会计的大多数理论研究表明，微观环境会计研究较多，宏观环境会计研究不足。第三，在研究成果方面，高水平的、权威的和创新性的观点相对不足，引领性的指导意见尚未出现。通过查阅和分析近十年的相关文献，相关普通期刊上的论文和学位论文数量较多，但在中文核心期刊、CSSCI来源期刊上的论文占比较少，而且没有提升。这说明虽然环境会计的研究吸引了众多学者的关注，但高水平的研究成果仍相对不足。

（二）应用研究方面

环境会计信息披露体制机制不健全。由于我国环境会计起步较晚，相关法律法规体系还不健全，尚未出台与环境会计信息披露有关的法律法规，对企业与环境会计有关的信息披露的要求比较笼统和空乏。从已有的披露环境信息的上市公司来看，大部分上市公司只有一般相关的指导性意见，披露的操作流程不明确。由于环境会计信息披露体制机制不健全，对相关企业破坏环境的行为缺乏约束，企业披露环境会计信息的主动性不强、自利性较强，这为我国对企业环境会计信息披露的规范化管理带来阻力，不利于我国环境会计的进一步发展。

对环境会计有影响的制度因素和环境政策研究文献不多。从现有的环境会计研究文献来看，有关环境会计核算、环境会计信息披露的文献数量较多，有关影响环境会计制度因素和环境政策方面的文献较少。可能存在的原因主要有：第一，我国的碳排放交易市场虽已启动，但尚未正式交易，缺乏交易的价格数据，从而导致我国对碳市场有效性的研究还相对落后。第二，我国对企业的环境绩效指标体系考核尚不完善，还未形成一个统一的标准，这对研究环境绩效、环境经济政策及环境信息等内容造成阻碍。第三，在环境成本管理的应用方面，国内大部分研究集中在理论层面，缺乏对成本效益原则的具体应用研究，环境会计的作用和效果没有真正发挥出来。

二、环境会计与生态补偿的耦合关系

（一）生态补偿与环境会计互为补充，相互发展

一方面，在生态补偿实践中，依据"谁保护、谁受益，谁污染、谁付费"的补偿原则，环境会计可以为生态补偿提供理论支持。生态补偿既包括对生态环境保护者所获效益的奖励、生态环境破坏者所造成损失的赔偿，也包括对环境污染者收取的费用。在生态补偿实践过程中，生态补偿费用的核算和量化是一个重要的内容，而环境会计的核算方法和理论为企业核算和量化提供了理论和技术支撑。另一方面，生态补偿反过来又推动环境会计不断地向前发展和完善。环境会计是基于环境问题产生的，其目标是改善自然生态环境，提高社会总体效益，向社会和利益相关者提供经济活动中的环境信息，以评价生态环境质量，实现环境保护和社会协同发展。环境会计作为一门新兴的学科理论，发展尚不成熟，无论是在理论方面还是在实践方面，都面临许多亟须解决的问题。生态补偿机制的建立和完善，为环境会计的发展和进步提供了良好的实践经验，使环境会计理论在生态补偿实践中得到了进一步检验，推动了环境会计不断向前发展和完善。生态补偿和环境会计相辅相成，共同推动经济社会向前发展。

（二）环境会计发展为生态补偿标准的合理确定提供了依据

想推进生态补偿机制的顺利实施，就需要建立一个公平合理的补偿测

算指标体系，组织或个人对生态环境的破坏、生态系统价值的实现等均需要依据补偿测算指标体系进行评估，评估结果可以作为生态补偿标准的依据，而这个过程如果借助环境会计的核算方法，准确地量化相关标准和指标，那么将对评估结果的实施效果起到更好的作用。当前，生态补偿标准的确定和量化是生态补偿机制中一个值得关注的问题，国内大量文献对生态补偿标准的量化进行了相关的研究，但尚未形成一个统一的、合理的方案。在生态补偿的实践环节中，如果引入环境会计的核算方法和理念，那么生态补偿标准就会更为客观。因此，环境会计的不断发展和完善能够为生态系统的价值补偿和定价提供理论支持。

（三）环境会计的实施有助于生态补偿制度的建设与发展

生态补偿制度为实现经济社会的可持续发展和生态环境保护提供了必要的制度指引，为生态服务价值的价格市场化提供制度导向。对生态保护者、生态破坏的受损者等相关利益者的直接和间接补偿是建立生态补偿机制的重要内容，也是实现生态系统服务价值功能的具体体现。环境会计作为反映主体的环境信息和相关的环境投入等加工处理系统，是保护环境和实现社会进步的重要途径。随着人们对环境会计重视程度的不断加强及环境会计的有效实施，生态补偿机制必将得到进一步的发展和完善。

三、生态补偿视阈下我国环境会计发展策略

（一）加强以生态补偿为核算内容的环境会计制度建设

生态补偿制度是以经济为主要手段来调节社会各利益主体之间利益关系的一种制度安排。它以保护生态环境为目的，推动社会可持续发展。在明确生态环境损害主体的基础上，必须进一步量化生态自然资源，使自然资源

的使用者在进行经济活动时必须考虑破坏和损害生态环境的代价，从而将生态环境纳入产品成本中，使环境污染外部性内部化。环境会计的核算职能为生态自然资源的量化奠定了基础。把生态补偿纳入环境会计制度建设的内容中，不仅可以充实环境会计核算的内容，而且为提高环境会计的会计信息质量、指导政府相关部门和环境决策者进行生态补偿机制的有效实施提供了可靠的依据。一方面，环境会计制度的建设和完善可以服务于生态补偿的实践工作，环境会计的发展可以反映生态补偿的成果；另一方面，把生态补偿纳入环境会计制度建设也可以充实环境会计的研究内容，同时为各利益相关者进行决策提供借鉴和参考。

（二）重构会计核算和生态补偿机制相衔接的环境会计核算体系

生态补偿机制作为调节社会各主体利益关系的一种制度安排，其目的是保护生态自然环境，提升经济社会发展水平和质量；环境会计的目标是实现经济效益、社会效益和环境效益的协调统一。生态补偿机制和环境会计都源于环境问题的不断凸显，所以两者的目标基本一致。传统的会计核算没有考虑环境问题带来的影响，不能如实地反映经济产出。随着环境问题的日益恶化，原有的会计核算已不能满足企业和社会的需要，环境会计在传统会计的基础上，以生态环境资源为中心，对组织或企业有关的环境活动进行确认、计量、记录和报告，使报表的相关使用者做出正确的决策。生态补偿机制的补偿资金的支出、补偿标准的确定等必须进行合理的量化。会计核算是进行量化的重要工具。把环境问题纳入会计核算体系，对生态补偿有关的内容进行确定和核算，是重构环境会计核算体系的重要内容。例如，企业在生产经营活动过程中对生态环境造成的破坏和损失应该由企业来补偿，通过环境会计核算后最终确定的金额可以作为补偿的基础。为此，重构环境会计核算体系，以会计核算为基础，纳入生态环境问题，与生态补偿机制相衔接，量化和确定生态补偿费用与金额，不仅可以为生态补偿机制的实施提供理论基础，同时还可以促进环境会计的进一步发展。

（三）完善以环境会计为主要工具的生态补偿监管体制

近年来，在政府和相关部门的大力推动下，生态补偿工作在实践方面取得了长足的进步，生态环境保护工作也获得了良好的效果，但是建立和完善生态补偿监管机制是一项长期而又复杂的工程，其中涉及生态补偿主体的界定、生态补偿标准的确定、生态补偿评价指标体系的建立，以及生态补偿收费制度和生态补偿公共制度的建设等方方面面，而生态补偿标准的确定和生态补偿评价指标体系的建立是其中的重点。因此，有必要改革和完善原有的生态补偿监管体制。环境会计作为生态补偿监管的量化工具，对加强生态补偿实施情况的跟踪和检查、生态环保责任制的考核等起到重要作用。完善以环境会计为主要工具的生态补偿监管体制，需要各部门通力协作和统筹规划。一是在政府的主导下，加强各部门之间、部门和企业之间以及企业和学者之间的交流与合作；二是利用各种大数据平台和人工智能技术，建立和完善环境会计信息和生态补偿监管平台和机制；三是借鉴国外一些成功的经验和做法，构建由政府主导、企事业单位和大众等多方积极参与的产学研推进体制。

第三节 新经济条件下会计发展

新经济与传统经济相比具有很多不同的特点，新经济的变化对会计提出了多方面要求。会计需要应势而变，新经济需要会计的更多参与。本节在回顾了新经济的特征、会计面临的困境和新经济对会计的期望之后，提出会计需要超越反映职能，服务于宏观经济、政治文明、道德文化和生态文明，以期实现会计与社会的协同发展。

会计因经济社会发展的需要而产生，并伴随着人类社会历史进程的发展而不断发展。当今社会已由工业经济形态过渡到新经济形态，企业的内外部环境都发生了巨大变化，会计理论与实务均受到重大影响，甚至有人认为会计在未来会走向消亡。会计学是一门职能学科，会计的职能是指会计在经济管理活动过程中所具有的功能。作为"过程的控制和观念总结"的会计学，具有核算和监督、预测经济前景、参与经济决策、评价经营业绩等职能，其中核算和监督是两项基本职能。本节以新经济为前提，对会计发展与社会进步的协同加以研究。

一、新经济的特征

社会上占主导地位的产业决定了社会经济形态。新经济一词源于美国，最初是指 20 世纪 90 年代以来，信息、生物、材料等新兴技术的飞速发展使得美国实际 GDP 和人均收入史无前例地长期强劲增长的现象。"新经济"不仅包括经济质量和结构的变化，还包括市场运行、社会运转、生产过程和产业组织等发生的巨大变化。发展至今，新经济具有了不同的内涵，人们普遍认为新经济主要是一种高增长、低通胀、科技进步快、经济效率高的经济状态。我国经济在经历了多年的高速增长之后，依靠要素投入的传统经济逐渐淡化，依靠知识和技术投入的新经济勃然兴起。新经济的特征主要表现在以下方面：

（一）知识、信息成为经济发展的主导因素

在长达几百年的工业经济时代，资本一直是经济发展的主要驱动因素。因为资本的所有者出资组建公司，所以资本的所有者也就顺理成章地成为公司的所有者，手中缺少资本的劳动者成为公司的雇员（包括管理者与员工）。在这样的劳资关系中，体现着资本支配劳动力的逻辑关系。由于人在财富创造中的作用相对较低，资本是财富的主要贡献要素，资金也就理所当然地成为会计核算的主要对象。因此，工业经济是资本驱动的经济。在新经济时代，资本和劳动力仍然是生产经营的必需要素，但是经济发展的模式发生了变化，资本和劳动力之间的逻辑关系也发生了变化。劳动者的作用显著增强，取代了过去长期占统治地位的资本，成为社会财富的最大贡献要素。资本不再是经济发展的决定性因素，知识、信息技术成为经济发展强劲的驱动力，经济社会实现了更高层次的发展。

（二）新经济模式是一种绿色的、先进的、可持续的发展模式

在传统经济条件下，自然资源相对充裕、人力资本相对廉价，加之知识与信息技术相对落后，企业采用粗放经营模式，经济难以按照科学的理念去发展。经过多年的发展，人类创造出了巨大的财富，但付出的代价也是巨大的，比如生态环境的恶化、土地资源的浪费等。因此，传统经济模式一定会被更高级的可持续发展模式取代。在新经济条件下，社会发展方式、资源配置方式以及人们的思维方式和行为方式都会发生重大变化。

（三）社会精神文明层次的提升

在传统经济条件下，人们的物质生活不够丰富，人们放松了对精神层面的高层次追求，有人为了追求物质利益而降低了道德水准，甚至沦丧了道德底线。在新经济条件下，人们的物质生活已经达到较为富裕的程度，加之人们的文化水平较之前有了大幅提升，人们不禁要去思考人生的意义和价值等高层次的人类终极问题。虽然物质财富是生活所必需，但精神层面的享受要远远高于物质层面的享受，精神享受才是人类最大的幸福。在新经济时代，人们精神文化层面的消费明显增长，物质层面的消费中也渗透着不同程度的文化内涵，文化的发展对社会、组织和个人都有着十分重要的意义。精神文明层次的提升使经济呈现出高质量的发展，使整个社会处于高质量的良性发展状态。

二、会计面临的困境

经济社会的变迁决定了会计的产生与发展方向。人类社会先后经历了自给自足、物物交换、简单的商品交换和发达的商品交换等几种经济形态，在每一种经济形态中，会计都发挥着重要的促进作用。会计由简单的会计实务发展为完整的会计学科体系，由单式记账发展到复式记账，表现出了强大的生命力。一方面，经济社会的发展需要会计做出相应的变革；另一方面，会计的变革反过来又会推动经济社会的再一次进步。可以看出，经济社会发展的过程也是会计变革的过程。在新经济条件下，会计面临的困境如下：

（一）会计前提受到挑战

现代会计成型于近代工业社会，在会计要素、会计等式、会计循环、财务报告等方面，无不体现着工业社会的诉求。会计也的确为工业社会的发展、为人类文明做出了重大贡献。会计主体假设、货币计量假设、会计分期假设与持续经营假设在工业社会中具有高度的科学性，没有这四种假设，会计理论与实务将无法开展。然而，在新经济条件下，随着信息技术的广泛运用，这四种假设受到了巨大冲击。虚拟企业的出现使企业主体的可见性、稳定性不再明显，对会计主体假设形成冲击；虚拟货币的出现对货币计量假设形成冲击，况且企业经营中还出现了不能用货币计量的、十分重要的事项，如客户资源；信息技术的发展打破了会计分期假设，人们随时随地都能够得到财务信息；企业风险变大、不可知因素增多，将"未来12个月内企业不会破产"作为持续经营假设也变得过时。会计假设是会计存在及运行的前提，会计假设决定了会计核算的每一个方面。

（二）会计要素设置不科学，影响了会计信息的有用性

企业的经济管理活动是会计的核算对象。我国把会计核算对象进一步细分为六大会计要素，即资产、负债、所有者权益、收入、费用、利润，会计要素分类反映了会计核算的广度。在新经济条件下，会计要素设置得不够科学，表现如下：首先，会计要素的定义表现出了一定的局限性，比如资产、负债、收入、利润的定义都是传统意义上的内涵，没有反映出新经济的发展要求，这种局限性影响了会计核算的准确性。其次，在企业的经营活动中出现了不能用货币表现的事项，比如自创商誉、人力资源等。这些事项影响了会计核算的全面性。最后，会计核算对象的货币属性降低了会计信息的有用性。在新经济条件下，社会经济发展的动力是信息与知识，是具有工作知识的人，而不再是传统的资本，关于资金的会计信息所受到的关注度大大降低，而那些对企业发展有重要影响的信息，比如公司战略，由于不能使用货币计量，而没有体现在财务报表中。

（三）会计局限于微观层面，影响了会计价值的进一步实现

会计是一个信息系统，它自诞生之时就一直在为不同的管理者提供财务信息。会计的历史变革与经济发展密切相关，经济发展是会计变革的根本动因。会计的产生不只是为了服务某一个企业，会计的产生是整个国家政治、经济、文化共同作用的结果，所以，会计的产生从一开始就属于宏观范畴，而不隶属于微观范畴。随着社会分工和经济发展模式的变化，会计理论、会计实务都发生了相应的变化，这种变化说明宏观的经济发展决定了对会计的需求。反过来，会计理论与实务一旦应经济发展之需而产生，就必然会通过政策工具效应、资源配置效应、交易费用效应等对经济发展产生不可替代的积极作用。然而，现实中的会计系统被视为"决策有用"的定价系统或者一种普通的具有"噪音"的业绩评价系统，企业的发展与治理并没有真正反映在财务报告之中，这就导致了会计信息没有被充分利用，会计信息供给显得相对过剩，会计的职能不能得到真正发挥。

（四）会计视野局限于经济领域，没能反哺政治、文化

从总体来看，最初会计的诞生不是为了经济，而是具有非物质性目的。目前会计学科属于管理学，其曾被归类为经济学。这足以见得人们把会计当作经济管理的一部分，将会计定性为经济管理学科。这也许是因为近代以来，世界各国都在追求经济的发展。事实上，经济生活仅仅是人们生活的一部分，除了经济生活以外，还有精神生活、文化生活。随着社会的进步，精神生活、文化生活的重要性最终会超过经济生活。政治对会计的影响主要体现在以下几个方面：首先，政治影响经济环境，通过经济环境影响会计的发展与变化。其次，不同的政治模式对会计的目标、职能等的要求不同。再次，在不同的政治模式下，人们的行为方式不同。这也会影响到会计实务的具体操作。

会计的目光应该超越经济，关注政治文明、文化建设。

三、新经济对会计的期望

（一）宏观经济调控需要会计参与

宏观经济调控是一个国家为了国民经济发展而制定的经济调节手段。国家利用这一手段在整个社会范围内实施对经济资源的配置。谈论宏观经济，人们往往会联想到经济发展的"三驾马车"，即消费、投资与出口。政府进行宏观调控的手段有利率、税率、汇率、存款准备金率等。这些宏观调控手段与工具的运用效果如何，则建立在会计信息的真实性与相关性基础上。经济发展正在由低水平向高质量转型。高质量的经济发展、高质量的经济决策必然要有高质量的会计准则、会计信息做支撑。目前，我国会计准则往往与国际趋同，而没有切实结合我国具体的经济、历史与文化的实际情况。另外，会计造假问题依然存在，会计信息质量也有待提高。我国调控经济依据的信息主要来自国家统计部门的居民消费价格指数、生产价格指数、海关、税务系统以及企业提供的财务数据。会计是连接微观企业行为与宏观经济政策之间的纽带。

（二）政治文明提升需要会计支撑

经济基础决定上层建筑，而会计是经济管理的重要基础，除了对经济基础的天然作用，会计的发展对上层建筑也有积极影响（周守华、刘国强，2014）。政治文明是人类发展过程中积累的政治成果的总和，政治文明需要优秀的会计来推动。会计是一系列的规则，它调节着政治的方方面面，会计信息质量特征对公众利益的调整具有巨大的作用，会计监督在客观上可以起到实现权力制衡、揭露腐败的作用。国家政治文明进程与会计的发展相辅相成，国家的政治制度结构影响着会计的需求与供给、会计目标的确立、会计的地位。反过来，会计的发展是政治文明建设的基础条件，是政治文明建设的重要动力。

（三）社会文明的改善需要会计配合

诺思认为，制度环境是一个社会最基本的制度规则，是决定其他制度安排的基础性制度。从某种意义上说，帕乔利所著的《簿记论》是文艺复兴的文化产物。会计准则的科学化总是涉及价值观、管理理念和文化。社会主义核心价值观的提出，更是彰显了社会精神文明的重要性。目前国家强调的反腐倡廉、企业社会责任的承担、企业管理者的担当等都是政治问题。近年来，国内外会计舞弊案件频繁发生，会计行业遭遇诚信危机，人们已经意识到不能仅从法规制度层面寻找会计行为异化的原因，还应该从道德文化等更本质的层面进行反思。会计信息的有效利用，可以有效克服逆向选择和道德风险。因此，会计应跳出经济范畴，登上更广阔的历史舞台，以发挥更大的作用。

（四）生态文明建设需要会计同步

工业社会虽然给人类社会积累了财富，但也使生态环境付出了巨大代价。在发展经济的过程中，人们为了获得足够的利润，总是在破坏自然生态环境。企业在生产过程中虽然获得了利润，却没有考虑应该对自然环境承担的责任，很多企业开山毁林、大量排放废水和废气，导致环境不断恶化。随着新经济时代的到来，社会发展模式发生了新的变化，人们在获得财富的同时，也看到了保护环境的重要性。在这一方面，会计应该承担自己的责任，这是生态文明建设对会计提出的挑战，也是会计未来发展的动力与方向，会计学界与业界应该认真对待这个问题。目前，企业财务报告中的会计利润是多方面事项的综合，并没有真正反映企业的收入、成本与费用。

四、会计职能拓展的领域

《会计改革与发展"十三五"规划纲要》确定了会计理论研究工作的目标，即"紧紧围绕经济社会发展和财政会计中心工作实际，深入开展会计学术研究和理论创新，加快建立具有中国特色、实现重大理论突破并彰显国际影响力的中国会计理论与方法体系"。在过去几年的研究中，会计理论研究凸显了"宏观"色彩，从微观视角研究并服务宏观经济管理，政府会计改革、会计促进政府治理等相关研究取得了突破，环境资源会计基本理论、自然资源资产负债表的编制等相关研究初步达成共识。会计的发展要与社会进步相适应，要能满足环境的需求。

（一）宏观经济

罗红等人经过研究发现，我国上市公司汇总的会计盈余与未来 GDP 增长率呈显著正相关，我国上市公司披露的会计盈余信息具有明显的宏观预测价值，股权分置改革及企业会计准则的国际趋同显著提高了会计信息质量，进而改善了会计信息的宏观预测价值。在制定会计准则的过程中，应进一步关注宏观经济决策的需要，为宏观经济决策制定会计制度，设置报表项目。会计计量与宏观经济问题非常值得深入研究，如会计计量与投资问题、资产负债表问题、各类经济行为问题、宏观经济变化趋势问题等。在实际会计工作中，首先要保证会计信息的及时性、真实性、可比性，进一步提高会计信息质量。其次，要不断强化会计语言的通用性，扩大会计信息的公开披露规模，以有利于宏观经济决策。最后，要进一步结合宏观经济发展的需要，来设置会计科目。

（二）政治文明

会计学家杨时展曾指出，"天下未乱计先乱，天下欲治计乃治"，由此可见会计对国家治理的重要性。会计准则的制定者应该具有高度的政治敏锐性，使会计准则服务于国家的政治文明建设，形成会计与政治的联动与耦合，促进经济社会发展。会计实务工作者也应具有高度的政治自觉性，在企业内部控制、会计政策选择、会计的估计与判断等方面，都要注重政治的平等、公正、法治，通过政治文明的不断改善，最终实现社会的长期发展目标。一系列契约的会计规章制度的制定过程，实际上是一个政治博弈的过程。权力寻租是导致腐败的最重要原因。应建立和完善政府会计与预算体系，建立健全政府财务报告制度和政府会计信息披露制度，加强政府部门内部控制，完善经济责任制度，完善相关准则的制定模式；"阳光是最好的防腐剂"，应建立并完善政府绩效报告体系，打造透明政府，推进政府高效化建设；应完善会计信息披露与公开制度，促进政治公开化。

（三）社会文化

长期以来，人们习惯把会计看成是一个经济信息系统，然而，会计与文化一直是密切联系的。几千年以来，人类积累了丰富的文明，既包括物质文明，也包括精神文明。会计是物质文明发展到一定程度的产物，同时，会计的产生也与文化有着密切的联系，不同的文化可以产生不同的会计。"盎格鲁-撒克逊"会计文化的稳健性就是会计受文化影响的一个很好的例证。同时，作为文化范畴的会计也同样会对社会文化产生反作用。利特尔顿（A.C.Littleton）认为，把客观、诚信的价值观当作不懈的追求，必须对数字进行如实的分类、正确的浓缩和充分的报告。在新经济条件下，要全面创新会计理论，完善会计的财富计量功能，通过对社会财富公正允当的确认、计量、记录和报告，为社会财富的合理分配提供可靠的基础；要完善会计方法，为社会财富的高效合理流动提供有效途径，发挥财富在经济社会中的作用；要完善会计职业道德与会计文化建设，不断增强人们的诚信意识，培养人们整体利益重于局部利益、长期利益高于当前利益的意识。人类社会的发展历史表明，文化是会计赖以生存和发展的环境，反过来，会计的发展对社会文明建设也具有重要的推动作用。在会计的发展过程中，要注重我国优秀传统文化在会计准则中的体现，要注重优秀文化与会计实务的结合，要注重会计工作人员文化涵养的不断提升。

（四）生态文明

由于资本的贪婪，加之人们认识的局限性，在经济发展的过程中，很多国家的发展都以牺牲环境为代价。企业为了追逐高额利润，大量消耗能源、矿山，排放废水、废气，会计利润虽然增加了，但人类生存的环境却被破坏了。企业积累了财富，公众的身心健康却因为环境的恶化而受到了很大危害。企业的这种做法与人们追求幸福生活的愿望背道而驰。美好的自然环境是人类千百年来赖以生存的基础，也是人类奋斗的目标。为了促进生态文明建设，在制定会计准则的过程中，要将自然资源、环境保护纳入会计准则研究范围，注重环境会计的研究。在考虑保护自然环境的同时，要重新定义资产与负债、费用与利润的内涵，使会计真实核算企业的费用、真实反映企业的利润。从会计制度设计、成本核算到利润的形成，都要注重生态文明建设。会计工作人员也要在实务工作中认真贯彻绿色发展的理念。

会计是环境的产物，同时又反作用于环境。回顾历史，会计在人类文明进程中发挥了巨大作用。在新经济条件下，会计环境发生了新的变化，这种变化既是挑战，也是机遇，会计未来的发展是摆在会计学界面前的崭新课题。

总之，会计应顺应时代发展需要，服务于宏观经济、政治文明、社会文化和生态文明建设，将会计职能与社会需求有机结合，从而实现会计发展与社会进步的良性互动。

第四节 中国法务会计的发展

随着我国社会主义市场经济发展，一直没有成为热点的法务会计开始逐渐被人们重视，人们对法务会计的研究也变得越来越多，然而国内的相关研究依然很少。本节旨在帮助更多会计工作人员了解我国法务会计的现况与问题，以引起行业内的重视，促进我国法务会计的发展。

一、法务会计的概述

（一）法务会计的含义

法务会计是在经济高速发展的背景下产生的，它要求从业者同时具备法律、会计、审计的相关知识，能够为法律事项的当事人提供诉讼支持，在公检法提出要求专业援助时也能给出自己的专业判断，要求从业者对经济犯罪等重大问题有着自己的职业敏感度，能提供相应审判证据。

（二）法务会计的目标

法务会计按照公共社会中的不同领域有各自不同的目标，本节以我国为主要分析主体，将不同领域的法务会计目标分为如下几个方面：首先是企事业单位，其数量最多、规模最大，目标主要是在遵守我国法律、行政法规、规章的前提下，尽量和企事业单位的财务目标相同，使企业财务健康稳定地发展。其次是以审计为主体的社会中介，尤其以世界四大会计师事务所和中国八大会计师事务所为翘楚（其法务会计业务量达到同行业的99%），其主要目标是依据自己的专业知识素养，对受托单位的全部财务资料依法进行合规性报告。最后是公检法等司法部门，其主要目标是服务于法律诉讼，提供公诉人需要的法律证据及鉴定报告，从而判定法律相关责任。

二、中国法务会计的发展与问题

（一）中国法务会计发展现状

在我国，法务会计是在欧美国家法务会计业务成熟后传入的概念。法务会计起步较晚，在初期阶段的受重视程度也不够，最近几年才开始受到重视。企事业单位、社会中介机构、公检法三者均应该有大量法务会计工作人员，但是因为我国的特殊国情，导致我国法务会计主要集中在社会中介机构，法务会计发展缓慢、知识传播效率低下，大众并不熟悉这个学科。而从业人员往往单为注册会计师，对法律相关的业务流程、程序并不是很了解；或者单为法律工作者，对经济业务并不熟悉。

（二）中国法务会计发展问题分析

1.理论体系发展不健全

就目前我国对法务会计理论的研究现状来看，研究人员还只是对法务会计的框架、含义、方式、方法等进行总结，而且这些总结多是在对外文进行翻译与借鉴后形成的，并没有对具体方法的时间运用、数据分析以及相关理论创新等方面进行深入的研究。正是因为认识无法正确指导实践发展，所以在法务会计服务过程中，很多问题无法得到解决，培养新型人才也很困难。

2.人才匮乏

因为理论的匮乏，所以人才培养也出现了问题，主要表现在教育上。

众所周知，我国教授人才专业知识的时间主要是在大学及以后，而据 2019 年财政部给出的最新数据报告，在我国大学本科阶段开设法务会计专业的高校仅有 11 所，研究生阶段开设法务会计专业的高校仅有 9 所，博士生阶段开设法务会计专业的高校仅有 3 所。大众对法务会计的概念一无所知，专业从事财会及法律的人员对其也是知之甚少，这给法务会计的发展带来了很大的阻碍。

三、对中国法务会计发展的建议

（一）加强法务会计理论研究，健全理论体系

首先，仿照注册会计师协会建立法务会计协会，应该先确立行业的领军人物，在其指导与讨论下逐步确立整个理论体系。协会应当分全国总协会与地方分协会，考虑到初期发展问题，在协会建设遇到困难时可以求助当地政府或者国务院财政部委。其次，深入对法务会计的研究，体系的建立需要无数分支的支撑，我国欠缺的正是分支的支撑，因此，政府应当牵头，组成专家学者组专门对法务会计具体工作方法、方式进行探索，将法务会计中国化，对整个理论体系进行创新。最后，应当在 985、211 高校中设立法务会计研究中心，在其研究中心有一定成果后再由其派出骨干人员指导普通院校建立研究中心。

（二）加强法务会计教育，增加人才供给

一方面要培养本科生对法务会计学科的兴趣，专业老师在开学伊始就要对法务会计进行全面讲解并对其广阔的就业前景给予说明，鼓励学生研修法律与会计双学位，努力成为相关人才；另一方面要增加设立法务会计方向专业的本科院校，对实在没有能力开展相关专业的高校，可以指派骨干从

业人员在学校建立法务会计实验班，促进其发展。针对硕士生，一方面要开源，即增加相关院校；另一方面也必须得承认我国在短时间内增加大量可以就读学校相关院校的难度太大，应当与国外院校开展学分互认项目，共同培养人才。

（三）加强制度层面建设，完善制度规范

财政部、各级地方政府应当将法务会计的制度建设提上日程。财政部首先应当对其准入条件进行精确的规定，然后组织相关的职业考试。值得注意的是，其过程可以逐步推进，在问题中不断改进具体法律法规。各级地方政府应当细化法务会计的制度建设，应结合财政部颁布的相关制度和自己省市的具体情况对法务会计制度加以改变和实施，因地制宜地进行法务会计制度建设，从而在财政部和各级政府的共同努力下全面进行制度建设。

第五节 我国电子商务会计发展

一、电子商务的相关概述

所谓电子商务，主要是指在现代商务交易过程中卖方以计算机为主要通信媒介所开展的商品交换活动。换言之，电子商务就是在传统商务发展的基础上将各个环节和各个模块进行电子化和信息化，促使买卖双方在网络平台中实现商品交易，并且通过第三方支付软件进行付款。电子商务的出现和有效运用在一定程度上体现出了时代性，其对传统的电子商业交易模式进行了改革创新，并且通过一系列的商务活动提高了企业的经济效益和社会效益，促进区域经济的可持续发展。另外，对于买方而言，电子商务使其

能够在网络平台中进行商品的选择，节省了买方的购物时间，买方足不出户就可以对商品的价格进行对比，从而选择性价比高的商品；而对于卖方而言，电子商务能够帮助其减少成本费用和管理费用，没有中间商赚取差价，使得产品的价格更能够吸引消费者。

二、电子商务会计与传统会计的区别

（一）会计目标

在传统的会计发展过程中，相关学者认为，企业在进行经营管理的过程中应当将所有权和经营权进行区分。所有者应当对其资产的运用情况和效率进行有效的管理，而经营者应当及时向所有者进行资产汇报，分析并解释经济活动的必要性及其产生的最终结果。随着电子商务的不断发展和渗透，当前我国经济活动大多已经实现了商务化和电子化。电子商务会计立足于互联网技术及网络技术的基本特征，对会计信息进行及时有效的处理，能够同时向经营者和所有者提供有效的决策信息，最终将决策和责任进行有效的融合。

（二）会计主体

在传统的会计发展和工作过程中，企业作为会计主体是真实存在的，并且具有一定的物质形态，是一种实体组织结构。但是随着电子商务的不断发展，传统会计理念下的会计主体已经逐渐趋于虚拟化。在实际工作过程中，这样的会计主体可能是暂时性的，没有固定的形态，也没有具体的活动空间，会随着市场发展的实际需求不断进行变革，但同时这样的会计主体是难以有效预测和管理的，市场无法对其进行有效的识别。

（三）会计分期

传统的会计工作通常会将会计主体设定为一个长期存续的结构和组织，基于这样的一个长期性，传统会计对企业的实际收入、支出等情况进行分析，编制出科学、合理、真实的会计财务报表。电子商务环境下的会计信息在一定程度上提高了工作效率，能够实时报送、及时更新，投资者和权益者可以随时随地在网上查看会计资料，了解企业的经营状况。但是在实际工作过程中，大多数企业为了分清企业的经营管理成果，通常会设置待摊、预提等会计科目。

（四）会计凭证的确认

传统的会计工作都是将所有的凭证和财务报表通过纸质资料进行记录和总结的。不管是原始凭证、记账凭证，还是财务报表，都需要相关负责人的签字和盖章，从而明确经济活动的真实性和可靠性。但是随着电子商务的不断发展，原始凭证逐渐实现了电子化，这在一定程度上简化了会计工作，但因此也产生了会计凭证的真实性和合法性如何进行可靠辨别等问题。电子商务平台下的数据信息是无法通过字体来辨认的，会计工作人员不仅仅要对每一笔发生的经济活动和交易业务进行准确的数据核对，还要重点核对经办人和批准人的网络签名和盖章。

三、当前我国电子商务会计发展面临的主要问题

（一）没有将切实可行的法律政策制度作为依据来优化会计市场环境

网络平台中的用户及终端分布较为广泛和零散，这增加了客户的识别和验证难度。在会计信息的传递过程中，互联网的开放性和多元化，在一定

程度上增加了传递的风险性。信息很有可能被其他不法分子截取，同时不法分子还可能对互联网平台的控制程序进行访问。另外，不管是计算机系统还是网络平台，都存在一定的漏洞，一旦被竞争对手窃取商业机密，将直接造成相关会计信息的流失，将直接对企业的经济利益造成损失。在计算机和互联网安全管理的过程中，相关政府并没有充分意识到电子商务交易环境的虚拟性，并没有对交易过程和交易双方进行可靠的安全保护，这在一定程度上直接增加了会计工作的风险性。

（二）会计审计工作难度加大

随着我国信息技术的不断发展，大多数企业在进行电子商务活动时将数据信息存放在电子系统中，但是在实际工作过程中，系统对一些错误的处理方式具有一定的连续性，很多会计工作的不相容职责较为集中，这在一定程度上为企业中的不法分子提供了舞弊的机会。当前电子商务背景下的会计工作并没有充分考虑到审计的重要性。传统的会计工作原始凭证或是会计凭证都是由专人填写，笔迹具有一定的辨认性，可以确保不法分子无法对专人笔迹进行篡改；但是在电子商务平台下，相关人员可以通过系统平台直接对数据信息进行修改，并且不留下任何痕迹。

（三）电子会计数据的法律效力有待认证

在发生经济交易纠纷时，原始凭证通常能够作为最直接、有效的证据。但电子商务的发展使得会计数据信息逐渐信息化和电子化，这样的数据信息能否作为直接证据已经成为大多数国家面临的主要问题，尤其是在面对审计和税务检查时，这样的信息能否作为可靠的依据是有待认证的。

四、电子商务背景下提高会计工作效率的策略和措施

（一）增强会计工作人员的信息安全防范意识

首先，相关会计工作人员应当增强自身的安全防范意识，相关企业及职能部门应当建立健全可靠的电子商务会计系统，将电子商务会计系统作为促使其可持续发展的重要保障。具体而言，会计工作者应当树立正确的风险观念，加强对会计信息的管理，通过输入、输出、权限控制、安装防火墙等方式，明确要求外部用户进行会计信息的访问必须有一定的授权，拒绝非法访问。其次，会计工作者应当对会计信息进行及时备份，尤其是企业的一些决策信息或是重要数据等，要及时将会计信息传递到相关可靠的介质上，从而防止信息数据的丢失。

（二）改革、优化电子商务的会计环境

发展网络经济是未来我国市场经济发展的主要趋势。为了充分提高电子商务的发展效率和质量，相关部门首先应当对市场环境进行改革、优化。一方面，相关职能部门应当对金融监管和服务环境进行改革，建立健全监管制度，加强对网上交易的实时监控，确保第三方支付的简便快捷，从而营造出良好的交易环境；另一方面，相关职能部门可以通过物联网技术对物流管理进行优化，利用装备识别器、红外感应器、GPS 定位等相关设备，充分实现信息的传输和交换，准确定位监控，从而提高企业的经营管理效率和质量。

（三）运用现代信息技术，优化技术环境

随着现代信息技术的不断发展，当前我国会计工作在进行相关资源、资料的收集和处理时大多依靠网络技术。比如，大数据技术、物联网技术、云计算等，都为电子商务的进一步发展奠定了良好、可靠的基础。再如，云技

术能够提高电子商务的计算和存储能力，搭建起高效的会计工作结构和框架，逐渐实现电子商务信息交流的虚拟化和可靠化，有效地为用户提供自动化服务，确保电子商务信息数据的安全，提高数据中心的效率。这样的方式可以简化会计工作，有利于提高管理性能，促进电商行业的可持续发展。

（四）提供智能化的电子商务会计服务

电子商务的广泛运行为用户提供了更高的服务性能，智能化服务能够与会计工作的各个环节和信息数据系统进行无缝衔接，为企业的经营管理提供可靠的数据支持，促进企业经济效益的提升。随着电子商务的进一步发展，代账平台作为智能化电子商务会计服务的主要平台之一应运而生，其基于互联网技术和大数据技术对会计工作的账、证、表等业务进行有效的处理，对收账、记账、报税等业务进行全面系统的管理和优化，减轻会计工作人员的工作负担。同时，这样的智能化电子商务还能够对会计处理流程进行简化，对会计管理中的无效行为或不增值活动进行删减，站在全局的角度上，以经济效益和社会效益最大化为主要目标，优化会计工作和会计流程。

综上所述，电子商务及相关会计工作者应当增强自身的信息安全防范意识，改革、优化电子商务的会计环境，运用现代信息技术优化技术环境，提供智能化的电子商务会计服务。

第六节 依法治国与环境会计发展

为了应对我国目前严峻的资源环境发展形势，在宏观上需要发挥法治的规范与保障作用，在微观上需要环境会计发挥基础计量功能和利益调整与分配功能。依法治国方针表达了我国对生态资源环境治理的重视，对环境会计研究有着引领与推进的重要作用，同时，环境会计研究也为依法治国提供基础性条件，二者是相辅相成的。本节回顾了环境会计的发展，分析了依法治国方针与环境会计的互动关系与作用机制，提出了依法治国方针下环境会计发展的趋势和展望。

生态环境问题关系到国计民生，是人类社会生存和发展的根源，是一切上层建筑的基础。没有良好的生态循环和环境基础，政治、经济和社会的发展将难以持续。为实现经济全面发展、政治清明、文化昌盛、社会公正、生态良好的治理目标，党的十八届四中全会做出了全面推进依法治国的重大决策，党的十九大也提出，建设生态文明是中华民族永续发展的千年大计，我们必须实行最严格的生态环境保护制度。

依法治国方针体现了我国重视和保护生态环境资源的决心："用严格的法律制度保护生态环境，加快建立有效约束开发行为和促进绿色发展、循环发展、低碳发展的生态文明法律制度，强化生产者环境保护的法律责任，大幅度提高违法成本。建立健全自然资源产权法律制度，完善国土空间开发保护方面的法律制度，制定完善生态补偿和土壤、水、大气污染防治及海洋生态环境保护等法律法规，促进生态文明建设。"依法治国方针适应了保护生态和环境的需要，指明了我国依法进行环境保护的方向，并指出了法律应为环境保护提供保障，企业应积极承担社会责任，科学研究应为生态文明建设提供基础性支持，这也是环境会计研究的时代课题和探索的发展方向。然而，我国环境会计研究目前发展还相对落后，难以适应当前生态环境保护的需要。因此，根据我国依法治国的宗旨，环境会计的变革与创新迫在眉睫。

一、环境会计的产生和发展

会计研究关注环境问题最早开始于 20 世纪 70 年代，在当时，学者们开始用会计理论和方法来解决环境问题。20 世纪 90 年代以后，随着科学理论的发展和研究的进步，有关环境会计的研究开始步入快速发展的阶段，会计学术界对环境会计理论的认识不断深化，环境会计被认为是一种管理工具，能够对资源与环境进行确认、计量，能够反映环境资产和负债的价值变化。此后，会计学者们从理论和实践出发，利用规范研究和实证研究等方式，对环境会计进行了多方面的探讨，从可持续视角、外部性视角、信息披露视角、成本管理视角和行为科学视角等多个视角出发，研究出了大量的成果。

随着研究的深入，我国一些学者开始意识到会计与国家治理、社会进步及生态文明建设密不可分。近年来，环境会计研究呈现出蓬勃发展的趋势，取得了较丰富的研究成果。尽管如此，目前环境会计还是没有统一、权威的理论框架。因此，环境会计的发展亟须突破，应该结合我国特殊的制度背景，考虑我国特有的资源和经济环境对环境会计的特定要求，从建设我国生态文明制度的目标出发，推动符合中国实际的环境会计的研究，真正将环境会计研究拓展到环境资源保护、促进生态文明建设等深层次的方面，推动依法治国方针的落实。

二、依法治国与环境会计的互动关系与作用机制

依法治国的理念与环境会计的发展之间存在着客观的互动关系和作用机制。一方面，完善的保护生态环境的法律制度和健全的环境保护体系，以及规范的会计制度等因素可以促进环境会计信息质量的提高，可以推动环境会计的发展；另一方面，完善的环境会计制度能够促进企业及时有效地披

露社会责任信息,能够通过会计报告反映环境资源的会计信息,能够保障公民的知情权和监督权,能够为依法治国提供基础数据、参考资料和评价依据。因此,依法治国需要通过环境会计来落实,环境会计需要将依法治国来作为保障。

(一)环境会计在依法治国中的基础性作用

在"新常态"下,要依法对政治利益、经济利益和社会利益进行科学有效的调整和分配。在此过程中,会计必然彰显出基础性作用。环境会计作为一种核算手段和管理工具,可以保护环境,促进环境治理。从微观层面来看,环境会计可以对企业的环境资产、环境负债、环境损失等内容进行量化,并进行确认和计量;从宏观层面来看,环境会计可以对行业、区域、国家甚至世界的环境资源计量提供数据,并为各项政策方针和法规提供依据。所以,环境会计服务于依法治国,在社会发展中发挥了积极的基础性作用。

(二)依法治国对环境会计研究的引领作用

首先,依法治国能对环境会计研究提供方向指引和政策引导。依法治国方针内容中的环境治理与保护是国家治理的重要部分,也是保持国家可持续发展的根本需求。如果继续追求经济上的高速增长而忽视环境资源的保护和环境的法治化建设,那么整个社会将偏离和谐健康的轨道。在传统会计理论的基础上,我们需要充分考虑时代的背景和意义,融入与生态环境、经济发展相关的观念,推动我国环境会计研究的发展,适应现代社会高速发展的要求。

其次,依法治国能对环境会计提供法治保障,对环境会计的发展有推动作用。全面推进依法治国是一个系统工程,需要全社会各行业共同努力。全面推进依法治国也是国家治理领域的一场广泛而深刻的革命,为治国理政打下坚实的基础。依法治国的精髓在于更好地发挥法治的保障和规范作用，为我国和平发展的战略目标奠定更加坚实的制度基础。

一言以蔽之，依法治国与环境会计是相互作用、相辅相成的。为了应对我国目前严峻的资源环境发展形势，在宏观上需要法治的指引与保障，在微观上需要环境会计发挥基础计量功能和利益调整与分配功能，二者缺一不可。

三、依法治国方针下环境会计发展的趋势与展望

相对于国际上一些发达国家，我国环境会计的发展相对滞后。究其原因，主要是缺乏明确的政策指引和规范的体系指导。庆幸的是，为保护和改善环境，我国政府已经认识到生态环境破坏的危害，采取了包括修订、实施环保法在内的一系列措施，并把环境保护和治理提高到国家治理的高度，在依法治国方针中对生态环境的保护与治理做出了明确的阐述和规范。在理论研究上，新的时代背景和依法治国方针为我国环境会计研究提出了新的挑战，从而引发了我们对环境会计研究趋势的新思考。依法治国方针的提出为依法保护和治理生态环境提出了新方向和新要求，也为环境会计研究提出了新思路和新保障。具体来说，依法治国方针对环境会计的发展方向起到了指引和推进作用。

（一）环境资产的确认和计量

依法治国方针提出要建立健全自然资源产权法律制度，这就意味着要明确自然资源的产权并对其进行资产确认与计量，这对传统会计理论带来了挑战。在传统会计理论中，经济产出仅是经济投入的结果，不包括对自然环境的利用和投入。在我国现有的环境会计研究中，自然资源是否被计入资

产范畴也一直未有统一意见。实际上，自然资源与环境不仅仅可被视作生产条件，还可被视作重要的生产要素，可以被确认和计量，并直接参与经济循环的全过程，所以，在环境会计研究中要确认环境资产的内涵和分类，补充和完善传统环境资源的概念，将符合资产条件的自然资源纳入资产范畴，并对其加以确认；同时，对不同类别的环境资产应制定资本化或费用化标准，进一步对环境资产进行价值化，综合反映环境资源的信息与价值。

（二）自然资源资产负债表的编制

自然资源对人类社会的生存和发展而言，是一种不可缺少且非常特殊的资源。如何恰当地对自然资源进行计量和报告、反映其重要的经济价值和社会价值，是当前环境会计研究的重点和难点。在十八届三中全会明确提出探索编制自然资源资产负债表的要求后，国家发改委、财政部等六部委也随即要求：未来成为国家生态文明先行示范区的地区要率先探索编制自然资源资产负债表。尽管自然资源资产负债表与传统会计意义上的资产负债表有着重要的区别，但是会计在编制自然资源资产负债表的过程中仍起着重要的作用。因为环境资源的使用对社会带来的影响及造成的生态损失，需要会计的理论和方法来进行基础核算。自然资源资产负债表是建立生态文明法律制度的重要创新，体现了环境会计对自然资源环境的计量作用和价值功能。

（三）生态补偿机制的价值核算

为了保持生态环境的可持续发展，依法治国方针明确了要建立完善生态补偿等法律法规。生态补偿机制需要对生态功能价值进行核算，并计算出生态保护成本，需要考虑生态发展的机会成本等因素，这些问题都需要环境会计的辅助，这样才能正确反映生态补偿的价值，为生态补偿机制提供数据基础和决策依据。最重要的是，我们要认识到生态补偿机制是为了保护现有的环境，恢复已被破坏的环境，运用法律手段和制度手段对生态环境进行补偿和恢复，不让生态环境继续被破坏，从而达到保护生态环境的目的。

（四）融入环境信息的综合报告的披露

强化责任与有效约束离不开企业社会责任报告和环境信息的披露，越来越多的人认识到环境信息披露的重要性，公众对环境的知情权、监督权需要法律法规的保障。因此，要建立健全环境会计信息的披露机制，尤其要披露融入环境信息的综合报告。企业编制和披露融入环境信息的价值报告，是企业可持续发展和我国经济社会文明进步的迫切需要。但由于目前我国没有统一对企业环境信息进行披露的要求，所以我国亟须建立环境报告体系，将环境信息融入综合报告中，为公众提供及时有效的环境信息。我们要将企业社会责任融入现有的对外报告中，相对真实、可靠、全面地反映包括环境影响在内的经营状况及未来发展前景。

（五）环境成本的控制与管理

依法治国方针要求强化生产者环境保护的法律责任，对违反者要进行严惩。环境会计需要为企业提供环境成本信息，为管理者提供决策支持。对企业而言，降低成本（包括环境成本）是提高利润的方式，所以要提高企业污染惩罚成本，这样企业就会从追逐利润导向而转向重视环境成本管理，例如采用环保的生产方式，研发环保技术与设备，等等。

除此之外，还有另外一些方向，比如环境负债、环境绩效和社会责任等相关问题，也值得我们进一步探讨。

综上所述，环境会计研究既需要为指导环境会计实践服务，又需要为响应国家的环境政策和法规建设服务。依法治国方针的提出和实施以及相关法规的应运而生对环境会计研究提出了更高的要求，为环境会计提供了法律保障和政策指导。因此，当前我国的环境会计研究需要响应依法治国方针的要求，尽快明确环境资产的确认与计量、自然资源资产负债表的探索与编制、环境信息披露体系的建立与完善、生态保护补偿机制的构建以及排放权交易会计制度建设等问题，配合2014年公布的《中华人民共和国环境保护法》的实施，以响应国家依法治国的号召。

第四章 会计管理的理论研究

第一节 会计管理的现状

科学合理的会计管理体系可以有效促进企业工作的有序开展，它是确保市场经济稳步发展的前提。根据当前经济的现状，我国会计管理工作仍存在着一定的问题，想要解决这些问题，就要对会计管理工作进行控制管理。基于此，本节先对会计管理的意义进行了阐述，然后对其现状进行了分析，并结合会计管理工作中出现的问题，提出了有效的控制措施。

随着经济的快速发展，企业获得了更多的经济交流机会，同时，也承担着越来越大的风险。在实际进行工作的过程中，会计对企业的发展产生直接的影响，因此，对会计管理工作进行优化，有利于企业的稳定发展。

一、会计管理的意义

一个企业的发展与会计管理工作息息相关，而合理的会计管理模式能够减少投资成本、增加利润。会计部门定期将会计信息提供给管理者，这对企业领导做出决策非常有利。而在企业管理活动中，会计是一项基础性工作，它在企业中发挥着极其重要的作用，如果没有管理者的高度重视，就会阻碍会计职能的发挥，也会影响到企业的发展。结合会计信息，对企业发展方面的内容进行明确，有利于企业制订切实可行的计划。会计工作在一定程度上影响着企业的发展，因此，要对企业资源进行合理配置，利用较少的资金获得更多的利润，使企业占据市场优势。会计工作在企业发展中具有非常重要的意义，所以，管理者要更规范地对会计工作进行管理，并对经营情况进行及时的反映，以降低成本，提高企业管理水平。

会计管理指的是在经济体制下，对各企业会计事务管理与组织的方式。在经济体制下，会计管理工作要与其发展的需求相适应。从调查分析中可以知道，目前，我国会计管理与经济体制相适应的调整比例还是比较低的。从这个调查中可以知道，我国会计管理工作的改革还是比较滞后的，无法达到促进新经济体制发展的目的，甚至对经济的进一步发展带来了一定的阻碍。具体情况从以下几个方面进行分析：首先，从组织方面分析，会计管理主体与所要管理的对象出现了脱离的现象，而且联系不密切。由于会计管理的主体是财政部门，而管理对象是各级会计工作人员，从归属方面分析，财政部门与从业的会计工作人员不是同一个主体，因此，出现脱离现象，使得财政部门无法将会计管理的任务进行分配，也无法有效地进行考察。其次，从利益约束方面分析，财政部门与从业的会计工作人员之间也是处于分离的状态，财政部门的利益与国家政府层面有关，而会计工作人员的利益与所从事的企事业单位的经营情况有着一定的关联。据调查分析，会计工作人员在维护国家利益与所从事企事业单位利益方面，更加偏向于所从事的企事业单位。这样便会导致偷税、漏税现象的发生，进而对国家的利益造成一定的损害，使国有资源大量流失，使国家的宏观会计目标难以实现。最后，从管理方面分析，由于没有一套完善的会计管理方法，会计管理工作中出现混乱的局面。我国会计工作人员的数量是非常多的，但是，从综合素质方面分析，他们存在着一定的问题，所以，需要加强对会计工作人员的培训及教育。而当前，利用有限的资金对会计运行和会计工作人员进行管理所得到的效果是非常差的，并导致管理效率低下，会计信息出现失真、混乱的现象。

二、存在的问题分析

（一）信息出现失真的现象

会计信息的可靠性能够使政府与企业更好地决策，但是，如果会计信息出现了失真、混乱的现象，就会给国家宏观调控的实施带来一定的误导，并影响到国家的利益；另外，也会给领导者决策带来一定的影响，反而会让贪污的人有机可乘。

（二）会计管理意识淡薄

在控制机制上，会计管理意识还很淡薄，有的企业管理混乱，而且没有制定一套切实可行的监督审核程序，这会给经营带来一定的阻碍，影响到企业的有序运行。

（三）会计法规缺乏一定的执法力度

伴随着经济的迅速发展，会计工作变得规范了很多，国家也出台了一系列法规来应对无法可依的会计现状，但是一些关键的细则没有及时制定。因此，会计法规的建立已无法跟上会计改革的脚步，致使会计工作缺乏具体的指导细节。

（四）监督机制不到位

在会计管理工作中，不管是企业外部还是内部，都会出现一系列监督问题。企业内部财务方面的工作大都是员工内审，而人事与薪酬方面也是由管理者掌控，所以，内部监督只是形式主义，没有真正发挥出它的作用。而部分外部监督的注册会计人员的素质、职业道德水平较低下，加之恶性竞争现象的存在，使其在报表审计的时候，往往流于形式。

（五）会计工作人员的整体素质有待提升

在我国，由于会计工作人员整体素质比较低，业务水平也不高，对会计信息掌握的程度不够，极易产生很多错误。这些会影响到会计管理制度的推行。有的企业为了减少支出，聘请兼职会计工作人员。这会导致企业的决策缺乏一定的合理性，在核算的过程中也只是走个过场，以报表应付，进而阻碍了会计工作作用的发挥。

三、会计管理的控制措施

（一）结合信息化形式进行管理

在对会计工作进行管理的时候，设计一个数据库，实现会计信息的网络化管理，通过分类储存的方式，可以有效节约查找、补录的时间，进而大大提高工作效率和会计工作的质量。

（二）健全企业内部监督管理体系

企业要健全和完善内部监督管理的方式。会计工作不仅仅是会计部门的工作，更是企业经济发展的关键，因此，建立一套切实可行的监督管理体系，有利于提升会计管理质量、深化改革。在适当的时候，还可以通过引入第三方机构来对会计管理工作进行监管，从而达到理想的效果。

（三）提高会计工作人员的整体素质

在管理工作中，先以职业道德培训为主，一方面要强化培训力度，大大提高会计工作人员的专业水平和综合素养，另一方面要对会计工作人员进行监督，对会计现状进行分析，并全面做好审核管理，发现问题及时整改，从而更好地促进企业会计工作的开展。

（四）会计制度的建立

一套完善的会计制度，可以对会计部门所要承担的责任进行明确，并责任到个人，保障会计管理工作的有序开展。而管理人员要有责任心，在发现问题时能进行整改，并以《中华人民共和国会计法》为立法依据，与企业内部的制度有机地结合起来，从而实现会计工作的规范化管理；还要与其他管理部门配合，以企业经济发展为目标，对会计制度不断进行优化，从而减少问题的出现次数，进而推动企业的健康发展。

（五）会计工作人员业务能力的提高

近年来，随着各项技术的发展，会计工作人员要不断提升业务能力，才能适应社会发展的需求。企业要不定期地对工作人员进行会计业务的培训，并通过引入别的单位的优秀会计工作人员的方式对其进行培训，此外，还要鼓励会计工作人员对理论知识与业务能力进行学习，从而更好地为企业的发展做出应有的贡献。

综上所述，随着市场经济的快速发展，在企业管理工作中，会计管理的地位越来重要，企业的管理人员需充分认识到会计管理的意义，针对企业存在的会计问题采取切实可行的会计管理控制措施，从而推动企业的健康有序发展。

四、会计管理与社会经济环境的联系

（一）社会经济环境对会计管理的影响

影响会计管理发展的因素有很多，如经济、政治、社会和教育等。首先，从经济因素分析，一个国家的会计管理发展与该国家的经济情况有很大的联系。比如，一个是以农业生产为主的国家，一个是以工业生产为主的国家，它们的会计处理方法和侧重点就不相同。第二，国家的政治形式、政策或者思想对会计管理也有很大的影响。不论是东方国家还是西方国家，每一个国家都有自己国家的会计管理模式，它们之间都存在着一定的差异。第三，社会的发展情况也是一个不可避免的因素，社会文化、社会风气等都对会计管理产生巨大的影响。比如，如果会计工作人员的性格是保守型的，那么他在做评估时就不能发挥出自己的应有水平，而将会造成低估资产价值或者高估坏账准备等事件，而这些将直接影响到企业的发展。第四，接受足够的教育更是与会计管理有很大的关系。一名合格的会计，必须具备整合大量数字的能力，并加以自己的表达。随着时代的发展、社会的进步、科技的兴起，社会要求会计可以更好地运用会计处理的专业知识，如果会计工作人员的水平不够，不能旅行一名会计的职责，那么将会影响会计在社会上的发展。

（二）会计管理对国家经济社会发展的作用

我国的发展可以说是日新月异，其中经济的发展最为迅速，毋庸置疑，会计行业在当今社会中发挥着越来越重要的作用。对国家来说，会计管理为国家的经济决策提供了重要且准确的会计信息，让国家可以更好地对资源的分配情况和资源利用率进行判断，有利于调节国家的供需平衡，有利于更好地实施可持续发展战略。对于企业来说，企业的决策者、高管可以依据会计工作人员为他们所提供的会计信息及时判断出最有利于公司发展的方案，从而促进企业更好地发展，为企业提供明确的发展方向。

五、会计管理思想的转变

（一）会计管理动态化思想的产生

在现代社会中，不断发展的社会经济促使各企业的结构组织变得逐渐完善，各企业的等级也越来越清晰分明，各个部门的职能也变得越来越明确并逐渐分离，这就要求企业各部门加强对计算机信息化知识的掌握，这样才可能加快企业中各种信息的传达速度。与此同时，企业也必须随着社会经济环境的变化而做出相应的调整。会计管理在企业中占着很重要的地位，它是决策者做决策的基础与依据，会计管理人员通过对企业及现在社会时事的分析，不停地为企业提供数据，建立起会计管理动态化思想。

（二）会计管理整体性思想的改变

面对着经济的持续发展，企业之间的竞争越来越激烈，在这种情况下，企业的整体性作用就凸现出来。在现代社会中，有很大一部分企业是以集体化方式运行的，而每个企业集团下都存在着或多或少的子公司。因此，以这种方式经营不可避免地会遇到一些问题，譬如子公司与总公司联系过少，导致总公司不了解子公司的实时情况，这就要求企业在管理上要将思想整体化。会计管理是企业管理的核心，会计管理的好坏直接影响企业未来发展情况的好坏，所以，整体性思想必须建立在会计管理的基础上，只有这样，才能加强企业内部的沟通联系，减少因为缺乏沟通而带来的经济损失。

六、会计管理的未来发展趋势

随着网络的发展，越来越多的网络企业、虚拟公司等依托网络平台迅速发展起来，这就对实体企业造成了很大的压力，但是网络企业一般具有临时性，企业的持续经营时间并不是很长，所以也并不适合采用与实体企业一样的会计管理模式。另外，现在时代变化非常迅速，这也导致了企业与企业之间的竞争越来越激烈，企业面对层出不穷的问题和竞争对手，需要当断即断的决策力和执行力，这间接造成了会计分期假设的失效。

七、会计管理发展中未解决的问题

会计管理随着时代的变化而不断变化，但还存在着一些阻碍会计管理发展的问题。例如，会计软件还未得到充分的开发和利用。在企业规模扩大后，子公司、跨国公司应运而生，但是现有的会计软件还无法满足它们的需要，企业经济的重心也随着职员们知识层面的提高与创新能力的上升发生了变化，这就说明我们必须进行创新改革，让会计管理跟上时代的步伐，适应时代的需求。首先，进一步开发和利用会计软件。其次，建立一个符合知识经济时代特征的会计模式，或是扩大，或是缩小，或是重新组合，使主体有可变的性质。最后，提高会计信息披露的真实性，提高会计信息披露的质量。

会计工作人员只拥有高能力、高水平是远远不够的，还要随着社会的进步、经济的发展改变传统的会计管理模式，探索出一套适合现在社会、更加先进、更加国际化的管理模式，这样才能为会计行业做出正确引导，使会计行业能更好地为企业、社会和国家服务。

第二节 会计管理质量控制

随着国内市场经济的不断完善和发展，企业在面临极大发展机遇的同时，也面临着很多挑战。会计管理作为企业内外调控的重要手段，对企业的财务收入及人事调动起着举足轻重的作用。而目前会计管理的质量并不高，某一环节一旦出现问题，就必然会对企业产生严重的影响。本节将从如何提高企业会计管理的质量出发，分析其控制策略，以期给企业和社会带来更好的经济效益。

对企业来说，提高会计管理的质量能增强企业管理的时效性，是保障企业未来可持续发展的重要前提。这是因为会计管理的质量直接关系到企业的盈利等，会计管理如果出现偏差，那么很可能导致企业的资金链受到阻碍。党的十九大对会计管理工作的要求做了进一步规范，然而从目前的情况来看，还是有很多企业在这方面出现了各种问题。

从现今的企业会计管理工作来看，大部分会计管理人士对会计管理工作的认知并不到位，没有真正理解会计管理的重要性。对于企业而言，会计管理工作对企业的资金和产品流动有着直接的影响。企业通过会计管理能够控制住内部的产品生产及外部运营，从而在市场中获取最大的经济利益。然而，部分企业没有真正落实好会计管理工作，过多地将注意力放在了生产工作上，使得会计管理人员缺乏一定的职业素养，会计管理的质量日益下降，难以发挥调控作用。与此同时，企业的成本控制及核算工作的开展都离不开会计管理的支撑，会计管理制度的不完善导致企业的生产效率和经济效益受到不约而同的影响。除了对会计管理工作的认识不清外，部分管理者对法律法规的认识不足也是造成相关人士追名逐利而忽视法律法规的重要原因。如果企业及会计管理人员不对这些问题加以认识和处理，那么这些问题就会对整个行业和市场经济造成巨大的冲击，影响它们的协调发展。

另外，会计管理质量下降的最大原因是监管制度的缺乏。现今很多企业虽然在内部设置了监管机构，却常常出现监管不严、财务报表造假的情况，这些都是因为会计管理工作并没有得到严密的监控，所以才出现这一系列严重问题。

完善会计管理制度及规范，明确会计管理质量控制的重要性是企业进行会计管理工作转型的重要前提。首先，企业想提高内部的会计管理质量，就要确保本部会计管理工作的制度和规范得到明确的规定和解释，这样才能增大企业与会计管理工作的弹性，以便会计管理与企业生产更快速地结合起来。其次，企业管理人员要利用一切可利用资源增加信息量，增强会计管理工作的科学性和时效性。对于财务报表，要求透明、完整、真实、可靠，要能够显示出企业财务及其他非财务信息，比如企业内部管理层对会计管理人员的调动及职业培训、企业外部的经营业绩、企业的发展背景等。不管是企业管理层还是会计管理人员都要提高对会计管理工作的认知，要认识到企业管理工作对企业发展的重要性。企业管理者要强化对会计管理人员的职业训练，完善相关管理制度，确保会计管理工作的顺利开展，提高会计管理的质量。专业人士还要加强对国家相关法律法规的认识和学习，不断地增强自身的法律意识，在合理合法的条件下进行会计管理工作，这样才能让企业更快地走向市场、走向国际。

建立明确的监督系统及产权制度。企业应建立符合我国国情的会计管理监督系统，这是保证产权安全，提高会计管理质量的关键。企业管理者要明确自身与市场的经济关系，积极鼓励会计管理人员进行创新管理，自主选择统筹方式和规范组合形式，在会计管理工作受到国家约束的情况下，让资源配置和管理效率得到最大限度地提高，从根本上提高会计管理的质量。企业要通过产权制度的规范作用来规避徇私舞弊行为的发生，以提高自身的经济效益。与此同时，企业要引入考核竞争机制，通过业绩考核来约束会计管理人员，提高他们的职业道德素质，使他们能够自觉维护企业利益，自觉承担起职责，以保证会计管理的真实性。

加强会计管理队伍的建设。要想提高会计管理的质量，那么就必须提高相关工作人员的职业素质。首先，企业要定期给会计管理人员开展培训会，让会计管理人员更多地学习现代会计管理理论和方法，提高会计管理的工作效率。其次，会计管理人员要认真学习国家的法律法规，加强对优惠政策的认识和利用。最后，企业要重视对会计管理人员的职业道德素质的培养，加强宣传教育，杜绝违法乱纪问题的出现，这样才能让会计管理工作得到更好的发展。

综上所述，企业要想提高会计管理质量和效率，就要切实落实会计管理工作，加强制度建设，增强管理工作的时效性。企业管理层和会计管理人员要提高对会计管理质量的认知，在内部建立合法的监管体系，开设会计管理的培训大会，提高相关管理人员的职业素质，让企业更好地适应现代化市场经济的发展，提高企业的经济效益。

第三节 科技革命与会计管理范式

科技发展是世界关注的问题，它与我们的生活息息相关，科技的进步推动社会的发展，科技革命也使我们的生活不断发生变化。在社会主义市场经济体制下对一个企业的经济运作能够起到宏观调控的重要职位就是会计，它在企业中起到不可或缺的作用。科技革命与会计管理范式两者有什么关系是本节探究的重点。

一、科技革命与会计管理范式创新的含义

科技革命是指科学和技术发生着质的变化。每一次科技革命都给人们的生活带来翻天覆地的变化。会计是随着经济发展而产生的词语，企业的产生和发展都离不开会计职位。随着社会的不断发展，原始会计管理人员必须审时度势、不断创新，来适应经济市场的变化。

提到科技革命与会计管理范式创新，我们通常不会把这两个词语联系在一起，更不会想到两者之间有什么样的关系，其实两者是有一定联系的。科技革命会促进社会的发展，会提高人们的生活水平，与此同时，生产资料和劳动力也会有所改变，这样会直接促进经济的飞速发展。社会经济的发展会使企业中的会计职位受到影响，企业中传统的会计管理已经不能适应经济社会的发展，然而会计管理仍在企业中起到举足轻重的作用，因此只能不断改进会计管理范式，使它紧跟时代的步伐。

二、科技革命与会计管理范式创新的发展史

原始社会时期没有会计这一职务，但据考古学家记载，在原始社会，人

们为了记录狩猎的数量会在绳子上打结，每收获一次猎物就会在绳子上打一个结，大的猎物就打一个大结，小的猎物就打一个小结，用来计算自己的劳动收获。慢慢到了奴隶社会，奴隶主创设司会这一职务，该职务人员的主要任务是记录和管理国家的钱财、粮食，会计的雏形就是这样产生的。到了秦朝，秦始皇统一了货币，"会计"这一职务有了更细的划分，形成了自上而下的会计机构，负责国家财务的保管、收支的称为治粟内史；负责皇室财务的保管、收支的称为少府；负责国家政治、经济的称为御史中丞；负责掌管国家图书、档案的称为侍御史。一直到了近代社会，才真正出现了"会计"职务，随着科技革命的发展，会计管理也在不断创新，以适应市场经济的发展和需求。

三、科技革命推动会计管理范式不断创新

科技革命推动了会计管理范式的不断创新，可以总结为四次科技革命：第一次科技革命实现了簿记（单纯记账、算账，没有会计的理论支撑）向传统会计的变化；第二次科技革命使传统会计有了一定的变化，逐渐适应社会的发展；第三次科技革命推动了会计理论的形成，使会计行业有了理论的支撑；第四次科技革命使我国传统的会计行业慢慢步入国际轨道，与国际市场接轨，会计管理范式国际化。每一次科技革命都对会计管理行业产生影响，促使会计管理发生质的改变。

（一）会计假设虚拟化

第四次科技革命使我国传统的会计行业与国际市场接轨，使会计管理范式国际化。原始会计管理是对货币、财务等进行直接的实物管理，而现代信息社会都是虚拟的数字管理，不是能看得见、摸得着的实物。会计对企业

的管理也不再是进出账的记录，而是更多地涉及企业并购、管理融资等环节。

（二）会计程序的创新

原始的会计程序是簿记，会计工作人员在记账本上记录企业总账、进账、出账等企业日常账务。这种原始的会计记账程序烦琐，已经逐渐被新的会计程序代替。现在企业多是运用数据库的形式，把企业的总账、进账、出账等方面的数据输入到驱动程序中，这样需要查账时，会计只需要进入数据库查阅、调出数据即可，需要获得不同的数据时，会计只需要运用相对应的程序即可。这样的会计程序迎合了市场的需要，省时省力、准确高效。

（三）会计确认与计量的创新

传统的会计确认与计量方式是现金制，这种制度与现代经济的发展不相匹配，现金制必须要有交付的过程，有一定的局限性。这时需要制定一种能够及时反映企业盈利和亏损状况的制度，以体现企业现在所具有的市场偿付能力和面对突发情况的应变能力，为使用者提供相对准确客观的企业现况信息，从而帮助管理者做出及时有效的决策。

（四）会计规范准则的创新

现在的市场经济是全球一体化的，因此我国的会计规范准则也要与国际并轨、与全球统一，形成一种国际通用的会计规范准则。当然这种准则是根据国际会计标准来制定的，不同国家、不同企业也有自身的特点，国际上允许各个国家在国际准则的基础上制定适合自己的会计规范准则。在这种背景下，会计规范准则的制定可以确保会计信息更加真实、更加可信，便于理解、查阅。

四、会计管理范式的创新促进科技进一步发展

科技革命与会计管理二者是互相作用的。其一，科技革命使会计管理范式不断创新，同样会计管理范式的创新也会反映市场经济状况，会计管理的变化是顺应市场发展、与市场经济需求同步的，会计管理的创新能够直接反映出市场经济的发展状况。其二，会计管理范式创新推动科技不断发展。有需求就会有发展，任何科技的变革都是为了满足人们的需求，市场经济在进步，企业也会不断发展来顺应社会。与此同时，企业对会计管理会提出新的需求，这就需要科技不断变革、推陈出新，因此会计管理范式创新也推动了科技的发展。

总之，科技革命与会计管理是相辅相成的，科技革命促进了会计假设虚拟化、会计程序的创新、会计确认与计量的创新、会计规范的创新；会计管理范式的创新也促进了科学技术的进一步发展。

第四节 会计管理的监督体制建设

目前有些企业在会计管理监督方面经常出现一些问题。这些问题产生的根源是企业在日常经营过程中对经济业务重视程度不够，因而会造成会计管理监督体制的不完善，从而造成会计管理监督职能的弱化。针对企业会计管理监督存在的一些问题，本节提出了一些意见与建议，希望可以减轻其弊端，为我国企业会计管理监督的进步贡献一份力量。

会计管理的监督问题，不仅仅是企业改革发展的必要问题，而且也是其适应市场经济发展的必然要求。加强会计管理的监督，首先能够有效地控制

资金流转，防止舞弊腐败现象的产生，最终促进企业内部监督控制机制的全面建立。随着我国改革开放进程的不断深入，会计行业也发生了很大的变化，要想真实有效地记录会计信息，就必须建立一套完善的监督管理体系。

一、企业会计管理监督体制存在的问题

（一）家族式管理模式

在一些企业中，股权呈现高度集中的特点。通过分析我国的企业可知，其中相当大比例的企业是民营性质的企业，在这些企业中，家族企业比例很大。企业的所有权、经营权和监督权三权合一固然有其优势，比如，中小企业在初始创业阶段的效率高，能够做到快速反应。但是，随着企业规模的逐渐增大，企业需要引进越来越多的人才。对于家族企业而言，非家族成员进入企业管理层，很难与家族成员获得同岗同酬的待遇，这样就会导致不公平的竞争，不利于企业会计管理人才的培养。

（二）纪律执行不严密

由于没有严格的规章纪律要求，很多会计工作人员会利用手中的权力弄虚作假，这不仅使企业的工作开展变得极为混乱，而且还会产生严重的经济损失。如果任由这些违法乱纪的行为发展，不仅会对企业经济造成打击，还会对社会秩序造成强烈的冲击。

（三）会计工作人员的意识淡薄

部分企业的会计工作人员在陈旧错误的观念影响下，对企业会计管理监督缺乏重视。会计职业最大的要求就是真实和严密，这两个要求若遭到破坏就会带来很严重的问题和后果。

（四）预算控制力度不大

对科研项目来说，在合理范围内进行科学、缜密的项目经费预算和保证项目经费的落实是至关重要的。但是，目前很多企业既做不到合理地预算和控制经费，也做不到及时完成相关项目。这些情况的发生根源就在于没有建立一套完善的项目经费审查监督制度，只有制度完善，这一项工作才会真正地落到实处。

（五）会计管理监督体制不健全

企业内部存在的监督管理方面的问题，其根本点是尚未确立一套完善的规章制度。如同法律一般，会计的监督管理需要合理合法，并以强大有效的制度为支撑，只有做好这一点，会计监督管理工作才能有条不紊地进行，才能确保整个过程中执法的合理与监管的全面。

二、建设会计管理监督体制的措施

（一）完善会计监督立法

加快立法来保障会计管理监督体制的完善是根本的、必要的。首先，要明确企业会计管理监督部门在整个监督管理体制中的主体地位，这是毋庸置疑的。同时，在立法的时候，应当充分结合我国目前经济发展的阶段和特点，以及我国自身的国情，切实制定符合我国发展规律的、完善的、详细的法律制度，同时配套完善的执行体系，确保监督工作不再是纸上谈兵，而是落到实处。在法律的支撑下，企业会计监督管理体制可以自主有序地进行。要想保障会计工作人员依法行使监督权，可以采取如下措施：进行举报监督，提供安全的举报途径，对举报人进行奖励，激发监督人员的工作热情和激情，等等。

113

（二）增强会计工作人员的责任意识

1.加强对企业负责人的教育管理

企业负责人是该企业会计行为最直接的责任人。只有负责人充分重视，才能使管理监督工作最大限度、最高效率地开展。同时，必须对企业负责人进行与会计知识相关的系列培训，只有了解该行业的具体实情，才能对症下药，有效、合理地监管。此外，针对企业负责人道德素养、职业涵养的培训也是必不可少的。要让企业负责人在工作时有崇高的使命感和坚定的法律观，从而处理好各种利益关系，不做出违法犯罪的事情。

2.提高企业会计工作人员的门槛，加强对会计工作人员的考核

每个企业，在制定岗位基本规章制度时，应该充分结合企业自身的实际情况，明确该企业从业人员所需遵守的基本准则，从根本上增强企业会计工作人员的责任感和归属感，提高他们的工作积极性。此外，会计工作人员必须不断更新自身的知识、提升自身的能力，企业应当大力支持会计工作人员的继续教育和专业深造，不断提高他们的专业能力。企业必须将考核与绩效挂钩，考核不合格的人员要在限期内做出改正，进一步提高对自身的要求。

（三）健全企业会计管理监督体制

1.解除人员之间的利益联系

在企业中，会计工作总是会与各种因素相关。在这种情况下，最好的办法就是将领导人员从企业利益之中解除，保证会计工作的独立进行。在进行人员的任免调动过程中，应当充分考量被任命人员和当地负责人之间的利益关系，也就是说要解除人员之间的利益联系。

2.健全内部会计管理监督制度

必须充分落实不相容职务的分离工作，要使得从事经济活动的各个人

员之间没有相互的联系，同时，彼此之间存在制约，这样可以在一定程度上减少违法犯罪行为的产生。要制定完善的内部检查控制制度，明确财产清查的范围，同时，配套合理完善的规范体系。所有的规章制度都要保证落到实处，而不是一纸空谈。

3.监督项目经费预算

第一，对每一个项目都要进行严格的成本核算及预算审查，确保预算控制在合理的范围之内。第二，一定要严格明确科研经费的花费途径，对于不合理、不明确的支出，要进行及时的整治和总经费的调整。第三，在经过前期严格审查之后，也不能放松对实际使用过程的监管，必须使监管落实到经济活动的全过程。第四，建立审批制度，严查报账的合理性与真实性，对出现的虚假乱报现象进行严格的查处与惩办。总之，最重要的一点就是所有规章制度都要落到实处。

如何能够保证会计工作人员工作的独立自主性，是会计监管制度在制定过程中的一个很重要的考虑点。只有保证会计工作职能的充分发挥，才能避免违法乱纪现象的产生。对企业负责人和会计工作人员之间利益关系的平衡监督及管理，是关乎企业建设的重要方面。除了企业内部需要严格监督管理体系的建设，还可以通过人员任命和本企业分离的措施，这能在一定程度上断绝领导人物和会计工作人员之间的利益关系。此外，还应该使得会计工作人员之间存在相辅相成但是又相互制约的关系。避免大规模会计舞弊违法现象。最后，要保证工作体系和监督体系的透明化，明确企业的财产范围，简化监督管理复杂度，要用最短的时间发挥企业会计监督管理体系最大的作用。

（四）加大综合监督执行力度

加大综合监督执行力度，不断提高相关部门综合监督的能力和水平。在具体的会计管理监督中，《会计基础工作规范》应当作为监管过程中最基本的指导规范，同时依据各个企业自身的实际特点和工作情况找出自身存在的不足和监管盲区，查漏补缺，对症下药，这样才能不断完善整个监督体系，不断提高效率。对于在工作过程中尽忠职守、恪守规矩的职工，应当建立表彰奖励制度，而对非法乱纪的人员应当严格处罚。

应对企业的预算执行及财务收支等环节进行严格的监管，财务监督时应当以本单位的会计信息质量为主进行严格的核查。财务职能部门作为整个工作体系的核心，应当主动承担起部门内部的监督管理责任。同时，税务监督也是对企业部门进行监督的主要手段之一，主要核查的是纳税人依法纳税的情况。

随着社会的不断进步和发展，我国企业在会计工作中存在的诸多问题得到了一定的改善，但同时，也面临着更大的问题与挑战。因此，我们必须重视这个问题，这样才能使会计活动的开展紧跟目前时代的需求，更好地为国家经济建设服务。同时，监管体系也要不断地与时俱进，更好地为会计活动服务，从而推动企业的快速发展。

第五章 会计管理体制

第一节 会计管理体制及模式

一、会计管理体制的含义和内容

会计管理体制是指参与经济运动，在会计活动中实施操纵、支配、限制并制定出相关体系的操作规定和机制的部署。它还包括根据这个所拟定的相关体系的会计标准。

首先，各级财政部门分级统一管理本地区的会计工作；各级业务主管部门及基层单位在受上级或同级财政部门的指挥领导过程中，在统一遵守国家会计法律法规制度的前提下，有权根据本部门、本单位的实际情况灵活组织会计事务和处理会计工作。其次，会计准则、会计制度在我国的制定权限，会计准则及统一的行业会计制度的制定权。各单位也可以在遵守会计准则、行业统一会计制度和地区或部门会计制度的前提下，来制定本单位的会计制度。最后，会计工作人员的业务管理主要由财政部门负责，会计工作人员的人事管理主要由业务部门负责。

二、会计管理体制的作用

（一）有利于加强企业内部控制

会计管理体制对单位自身的会计工作控制有着关键性的影响，会计管理体制的完善可以巩固企业自身控制能力，较科学地掌握和筹划企业的会计工作，带动企业迅猛成长，使企业经济步入一个崭新的台阶。由此来看，一个规范、有效、科学的会计管理体制对一个单位来说是不可或缺的。会计管理体制能够保证企业会计信息的精准和可信赖度，能全方位控制企业的经济活动，能提高投资者对企业的约束和掌握的能力。企业要想促进自身的会计管理体制的发展，全面把握企业会计管理的约束力，并迅速促进企业的经济发展，就必须从根源上控制经济活动，彻底地遏制相关的违法违规现象，把企业的违规罚款削减到最低，大大减少企业不必要的经营成本。

（二）有利于国家宏观调控

会计信息是我国会计管理体制的重要组成部分。国家为了更为有效地进行宏观调控，必然要求会计所提供的信息能满足国家宏观调控的需要，国家对会计活动进行干预也就成为一种必然。

（三）有利于协调企业利益关系

企业的会计信息反映了企业一定时期的财务状况和经营成果，这些财务状况和经营成果体现了一定的经济利益关系。企业会计信息对经营成果的体现，不仅包括企业向国家税收机关交付的税款总额，而且包含企业向所有者和债权人支付的利润或利息，还包括企业能否按时支付所欠债务。会计管理体制对企业的经济发展有着巨大的影响，它可以从根源上避免企业利益主体人与企业之间的账务或资金冲突，确保企业的经济活动全面正常地开展，确保企业的会计行为有效、合法，从而加强对企业会计工作的管理和制约，确保企业经济主体在完全正常条件下的实施和健康发展，从而全面协调企业的各种经济关系。

三、会计管理体制存在的问题

（一）管理人员不重视会计管理制度

在现行的会计管理体制中，单位负责人容易看轻会计管理体制的规则，不注意会计管理体制的确立和修正，使得会计管理体制更多地成为了样子、形态。由于某些单位经营者的管理意识比较落后，对当今会计管理情况认知匮乏，没有产生科学合理的经营思想，也没有把会计管理的实施变成单位高效率经营的主要事件，因此也就无法认识到会计管理体制对一个企业的关键性。对会计管理体制缺乏应有的认识和了解，也没有深究会计管理体制的一些理论，这些都将影响到会计管理体制的确立和修正，导致会计管理体制表现不出它在企业经营中存在的价值，从而严重影响到一个企业的发展。

（二）会计工作人员的法律意识淡薄

虽然我国陆续颁发了《中华人民共和国公司法》《中华人民共和国会计法》《中华人民共和国注册会计师法》等相关法律法规，但是因为一些会计工作人员比较缺乏对这些法律法规的了解，所以违法事件仍然不断涌现。

四、优化和改进会计管理体制的可行措施

（一）明确认识企业会计管理体制的创新方向

为确保会计管理体制的合理化趋势增强，会计工作人员及监管人员都需要明确认识到未来会计管理体制的创新方向，从而保证自身专业技能和

认识水平能够与时俱进，最终实现我国企业会计管理体制的持续优化。一是企业会计管理体制对市场经济需求的适应。由于社会主义市场经济制度及法律的持续完善，以及现阶段的社会主要矛盾发生变化，市场经济中的新产业、新技术活动需要会计管理体制来衡量价值、反映社会现状，因而会计管理体制也就需要更新底层理论和技术支持，比如，引入大数据技术形成创新的会计监督机制。二是企业会计管理体制的独立性趋势更强。如果会计管理和监督活动不再受机构运转效率、政治性的影响，那么会计管理体制就是独立于市场价值交换的。三是企业会计管理体制的社会性质转变。由于企业会计管理体制需要协调企业主体的经济权力和责任，加上会计管理体制的社会责任更强，企业会计管理体制不仅需要对社会负责，同时也需要对非企业经济主体负责，以维持健康的经济社会秩序。四是企业会计管理体制的全球化趋势不会削减。这需要我国企业找到自身会计管理体制与国际优秀会计管理体制的差距，探讨自身的不足，对会计管理规范的国际板块内容进行持续更新，以增强我国企业会计管理体制的全球化趋势。

（二）持续完善会计监管机制及其体系

要确保会计管理体制的科学性持续增强，就需要持续完善针对企业的会计监管机制及其体系。一方面，需要持续完善企业内部的会计监督机制。这需要企业对会计工作人员的会计活动进行留底式的记录和监督，包括背书留底、报表编撰责任人记录、资金审批记录等。另外，还可以运用内控管理工具加强对会计活动的权责控制和监督，以保证企业内部会计活动的全面强力监督。另一方面，需要拓展来自企业内外的会计信息监督途径。这需要企业从自身内部设计会计信息监督机制，同时持续拓展来自企业外部经济主体的会计监督信息机制，包括聘请独立的专业评估机构，参与企业会计的专业协会，采用透明化、程序化的信息披露方法，等等，以保证企业会计信息的可靠性，最终充分发挥会计管理体制的真实作用。

（三）完善、构建适合多种经济主体的会计管理体制

由于会计管理模式不仅是对企业活动的反映和控制，同时也是对社会多种经济主体活动的监督和反映，所以我们需要构建适合多种经济主体的会计管理体制。一是持续优化非企业主体的会计管理体制。尽管企业会计管理模式对我国会计管理体制有较大影响，但是非企业主体的会计管理体制同样需要持续的改进，包括政府机构、公益机构、社会团体及行政事业单位等一系列具备经济活动能力的非企业性质单位，它们的会计管理体制也需要持续改进和完善，从而保证我国会计管理体制的普适性和系统性，以发挥出会计活动对国民经济现状的充分反映和监督作用。二是健全多种经济主体下的会计管理革新机制。这需要会计行业的资深学者引领并成立创新研讨学会、调研委员会等社会团体，对国有企业、民营企业等多种性质企业和行政事业单位、公益机构等非企业性质单位的会计管理机制进行研究和创新探索，最终保证会计管理体制对经济社会的充分适应。

会计管理体制对企业主体、非企业主体的经济活动发挥有力的监督和反映作用，但是如果社会经济的发展速度超越企业管理体制的优化速度，那么多种经济主体下的会计管理模式将难以发挥真实效用。因此，会计工作人员需要持续探索改进会计管理体制的可行措施，包括明确认识企业会计管理体制的创新方向、持续完善会计监管机制及其体系等。

五、探析新经济环境下企业会计管理体制改革的具体策略

（一）树立现代化会计管理理念

会计管理体制的改革，并非仅仅将原有管理思想及管理理念进行转变，而是将现代化理念作为依据，系统分析、设计及决策会计管理的整个过程。在当前高速发展的新经济形态背景下，企业应跳出传统会计管理理念的束缚，树立全新的且符合当前新经济发展态势的良性管理理念，并将这种全新的管理理念作为做出会计管理决策的直接依据。只有将科学高效及现代化的会计管理理念作为企业会计改革的原则，才能保证企业会计管理和企业长远发展目标之间的有效融合，进而借助会计管理促进企业战略目标的实现。所以，企业会计管理的相关工作人员及职能部门需要将企业的实际状况作为依据，对全新的符合新经济发展趋势的会计管理模式进行积极探索，进而提高现代化管理的水平，加大企业会计管理体制改革与发展的深度。

（二）创新会计管理监控制度

会计管理监控制度创新目标的实现是对会计管理持久作用相关制度的直接保障，更是企业会计管理体制创新工作的重中之重。企业统筹当前会计管理监控制度的现状，总结不够完善的部分，并将其作为直接依据对制度体系进行进一步规范，从而使全新的管理制度得以构建，实现制度化人员管理和资金管理的目标。第一，企业需要在制度中对相应的约束和控制条例进行明确，保证会计工作的规范性。同时需要提升企业各个部门的内部控制管理力，并持续完善会计监控体系，最大限度地发挥内控机制的作用，使会计管理工作的实用性得到切实提升，杜绝不规范会计行为的发生，使得会计管理

工作的质量、水平得到提高。

（三）强化会计管理队伍建设，提升管理人员综合素养

新经济时代的不断发展对会计管理工作的要求越来越高，对企业会计管理工作者的工作能力也提出了新的要求。企业要提升经济环境对会计管理工作的影响力，不断强化会计管理队伍的建设力度和培养力度，进而对管理人员的业务能力和管理能力进行提升。首先，企业要重视会计管理队伍人员的招聘和选拔，综合考量企业会计管理工作的实际需求，并将其作为人才招聘和选拔的直接依据，将企业长久发展目标作为会计管理人员招聘和选拔的原则，进而对满足企业会计管理工作需求的会计管理队伍进行构建。同时，企业可结合企业会计管理工作现状对人才培育机制进行建立，在企业会计职能部门内部进行具有管理能力人员的选拔，提供针对性的学习平台和培训机会，进而为企业培养更多高素质的会计管理人员。其次，企业需要对会计管理队伍中相关工作人员的职业精神进行培养和提升，借助思想教育活动对会计管理队伍中相关工作人员的时代认识进行强化，使他们可将时代发展趋势、经济发展现状及企业实际状况进行有机结合，并将自身工作的岗位性质作为出发点，展开创造性的管理工作，使会计管理工作的效率和质量不断得到提高，进而推动企业会计管理体制改革的有序进行。

（四）细化对应的会计管理条例和细则

创新体制有利于单位部门自主性的强化和提升，而管理体制的创新有利于推动企业会计部门会计工作有效性的提升，进而使得会计管理工作可以更加高效地进行。所以说在当前新经济环境下，企业会计部分需要不断优化、创新自身会计机制，进而推动会计管理体制的改革工作，将《中华人民共和国会计法》《企业会计制度》作为条例和细则的直接依据，进而确保会

计工作制度的合理性及合法性。需要注意的是，改革工作推进过程应将部分实际状况作为根本依据，在对其进行深入调查后对全局观念进行树立，强化企业会计部门的超前意识，在日常工作中贯彻企业发展观，对企业现有的各类会计管理条例及细则进行细化和改革，并将其作为会计管理人员日常工作推进的直接依据，进而在对企业会计管理体制不断规范的同时促进其改革。

综合上述所言，企业要想在激烈的市场竞争中占有一席之地并获取长久的发展，必须对会计管理体制进行创新和改革，以适应当前社会发展的整体趋势，对企业发展过程中会计管理工作不断提升的需求进行满足。企业管理层要对会计管理体制改革的重要性和迫切性有明确的认识，并将新经济背景对企业会计管理的影响作为直接依据，然后结合企业发展过程中会计管理工作的实际需求和特点对会计管理体制进行优化和改革，进而达成会计管理环境不断优化、会计行为规范性不断提升、会计管理工作的效率和质量均得到有效提高的目的，促进企业良好有序地发展。

第二节　会计管理体制创新与会计信息质量

提高会计信息质量一直是会计理论关注的一个问题，因为其对企业的经营管理产生了重要的影响。本节对会计管理体制进行了简单的介绍，对其具有的特征进行了分析，并且在此基础上提出了对其创新能够提高会计信息量的观点，指出了科学的、规范的会计管理体制对企业会计信息质量的重大影响。

一、会计信息质量特征

（一）可靠性

这种特征的前提是真实，真实性是其真正的标志。只有会计信息本身是真实的，其才能够正确地指导使用者作出决定，而正确性及中立性则是它的一种辅助性标志。

（二）相关性

所谓相关性，指的是会计信息可以指导使用者根据其做出相关的决策，并且由于会计信息的不同，做出的决策也存在着差异。

（三）可理解性

所谓的可理解性就是指财务报告中所提供的信息，要尽可能简洁、清晰、明白，这样才能够便于人们理解，且使用起来才会更加方便。

（四）可比性

这要求同一个企业中的不同时间，或者是不同的企业之间的各个方面的信息能够进行对比的衡量。

二、会计管理体制的组成

会计管理体制由正式的约束、不正式的约束及实施机制三个部分组成。

首先，作为会计管理体制的一个不是正式的约束的部分来看，企业的管理层、会计以及审计的职业人员的职业道德建设都是不能被忽视的。在我国社会经济生活中，有很多方面都是使用非正式的约束维持的，人们生活的大部分约束也都是由非正式的约束进行维持的。但是由于非正式约束本身还存在着一定的局限性，因此如果没有正式的约束，那么一些较为复杂的交换就难以发生。

其次，作为正式约束的一个较为核心的部分，会计信息质量管理的法律、法规的建设任务还比较艰难。在这些正式的约束中，有着企业内部的一些与此相关的制度，还包含着企业在外部的环境中受到的制约。

由于会计管理机制的存在，人们能够以此为基准进行实施性的决策。在实际的应用中，判断一个国家的会计管理机制是不是完备的，不仅要关注这个国家正式的以及非正式的会计法规，还要关注有没有相应的实施机制。历史上，很多情况都不是没有法律可以作为支撑，而是没有建立起与完善的法律法规相匹配的实施机制。我国目前还没有较为完善的、相应的实施机制，因此要想真正地落实法律法规并不是一件十分容易的事情。

三、对会计管理体制进行创新影响

会计对于企业的管理层进行契约履行有着很重要的意义，是其中重要的手段及工具。会计机构作为企业的一个职能部门，是受到企业的管理层的委托来进行会计工作的，其工作的主要目的就是为企业服务。会计管理体制的创新能够直接影响企业内部的会计信息质量的完善程度，从而影响经济的发展，因此有着很重要的意义。

（一）完善会计信息内容

企业的会计管理体制是相对于其内部的经济活动进行的，因此会计管理体制是整个会计信息管理过程中的一个重要的基础。对会计管理体制进行创新性改进，能够直接使得会计信息内容更加完备，从而促进企业的经济发展。我国很多企业的治理结构没有发挥应有的效果，除了制度上的问题之外，还缺乏支持有效决策及有效行动的相关信息，这些信息通常是由企业管理的自我调控系统提供的。

126

企业必须要做到以下两点：首先是企业的各个相关的利益主体需要明确什么样的财务会计信息能帮助他们做出相应的决策，能够进行更好的管理；其次，企业要建立一个合理的、有效的会计信息的传送系统，这样才能够保证企业的财务会计信息能够及时地、准确地满足企业的各个利益相关者的需求。因此，对会计管理体制进行创新性改革，必须要在政府的帮助下完成，政府应针对企业的会计活动提供明确的、较为完备的会计法规体系，从而对企业的会计活动做出整改。最后，还需要对制定的规则进行明确的规定，保证企业能够执行相关的规则，在这样的基础上来对企业的会计活动进行外部的制约限制，充分发挥出税收法规体系在财务会计信息的生产过程中的约束作用。

（二）改进会计信息失真

目前，会计信息还存在着失真的问题，其中一部分原因就是其与税收制度是不完全匹配的，并且税收制度还存在着不完善、不健全的问题，因此应该采取一些创新措施来对这种现象进行改善。在企业受到的外部约束中，法律环境的约束是很关键的一种约束，而其中税务环境约束尤其重要。税务的规则与企业的财务会计之间有一定的关系，使得其对企业的经营者有着较大的影响，因此税务环境主要是企业的会计行为的一个重要的外部环境。在我国，目前税务规则的实施机制处于一个较为弱化的环境中，税务的实施机制的地位相对较低。首先，税务规则主要是由人来进行组织实施的，而有些税务的稽查人员本身的素质不高，甚至根本就没有经历过正规的学习，对会计知识处于不懂的状态。除此之外，还有一些稽查人员存在着经济效益与成本进行比较分析的一个问题，如果他们严格按照要求进行纳税，那么虽然可以保证国家的税务收入的增加，却不一定能够达到稽查人员希望的目标。因此，要想改变税务这一方面的问题，应该采取的创新方式就是改变税务稽查人员的经济行为目标模式，这就需要对相关的制度进行创新性的改进，在加大税务征管的同时，加大对税务稽查工作的监控力度。

第六章 会计管理风险控制

第一节 企业会计管理风险产生的原因

企业会计风险是指在一定时间和空间环境中，会计工作人员因提供的会计信息存在大量失误而导致损失的可能性。按照影响对象不同，会计管理风险可分为会计管理人员的责任风险、管理者的责任风险和会计信息使用者的损失风险。具体来说，会计管理风险是会计机构或人员在进行工作时，由于错报、漏报会计信息使财务会计报告失实或依据失实的信息误导监控行为而给企业带来损失的风险。这就要求企业的经营者、会计管理人员必须经常进行会计分析，防范风险，建立风险预警分析指标体系，并进行及时、正确的会计管理决策。

一、企业会计管理存在风险的原因

（一）企业会计管理环境的多样性变化

企业会计管理的宏观环境复杂多变，而管理系统不能适应复杂多变的宏观环境，这是企业产生会计管理风险的外部原因。会计管理的宏观环境包括经济环境、法律环境、市场环境、社会文化环境、资源环境等。这些环境虽存在于企业之外，但会对企业会计管理产生重大的影响。宏观环境的变化对企业来说是难以准确预见和无法改变的，宏观环境的不利变化必然会给企业带来会计管理风险。

企业会计管理风险虽然在短时间内不会对企业的正常运行形成阻碍，但是只要企业进行会计活动，那么风险就一定伴随而来。在目前的企业会计管理工作中，并没有形成较为系统全面的防范体系，管理人员的思想意识仍旧停留在传统的财务管理层面，不能与时俱进地提高知识应用水平及增强工作责任意识。因此，管理人员对风险认知的缺失是导致管理失败、风险问题频发的主要因素。

（二）经济决策盲目进行

企业经营者不能按照相关数据的分析报表进行计划投资，并且在做经济决策时过于盲目及草率，这就很可能导致投资环节出现较大风险，更严重的还会导致投资失败、经济利益受损。如果企业经营者想要企业长远发展，并实现经济利益的最大化，就要在做经济决策时，利用科学有效的会计信息进行综合考量，并对投资项目的可行性作出评估，规避投资风险。但是目前企业经营者对风险意识的重视程度不够，导致风险管理的发展存在一定的制约性，这就造成了部分企业往往只凭自己的主观意识及经验总结来进行经济决策，这就造成了投资失败问题频发、资金损失惨重，从而使得企业经营状况不佳。

二、企业内部财务关系缺乏有序管理

目前我国企业内部的经济管理水平普遍不高，企业内部的责任划分情况不够明确，缺乏强而有力的管理制度的制约，会计管理风险难以控制，使企业经营陷入困境。

（一）确定企业会计管理方向

只有确定了企业会计管理的方向，才能促使企业向着这一方向更快、更好地发展，并在市场竞争中不断优化会计管理模式。在当前的社会经济体制中，企业社会地位的提升，不能仅仅依靠核心竞争力来实现，更要依靠企业精神及企业管理意识，只有管理意识足够强大，才能从根本上提高管理水平，促进企业在社会角色中的深化改革。企业若想在市场竞争中占据主导地位，就应把对风险的规避工作放在首位，因为企业只有具备较强的经济运作能力，才能在市场机遇来临时掌控有利时机，提高企业经济运行效率，提升经济实力，促进企业的扩大化发展目标的实现。

（二）提高企业内部监督水平

企业内部的监督管理机构是会计信息真实性及合法性最直接的监管部门，它不仅可以监督企业经济往来是否符合国家的相关要求、经济活动往来是否真实、会计工作是否符合规章制度，还可以在监督过程中发现企业存在的财务风险，并对其进行管理及预防，提高企业经济运行的安全性及可靠性，使会计管理风险效率得到较大提高。

（三）提高企业财务会计报告质量

企业的会计信息是对企业一定周期内的经营状况及资金流动情况的最真实体现，弄虚作假现象是不可取的。企业需要外部投资支持时，为了获取更大的投资空间而虚报企业财务收支情况将会直接导致企业负债增加，会影响企业的正常运行。因此，企业的会计信息务必是真实有效的，这不仅可以树立良好的企业形象，更能够降低会计风险的发生频率。

（四）提高会计管理水平

虽然当今时代企业数量呈现不断增加的趋势，但是管理水平却停滞不前，会计管理无法实现对企业经营现象的宏观控制。因此，企业为了谋求更高效的运行效率，应将管理水平进行提高，规避会计风险，加大会计工作监管力度。会计管理内容要进行细化，充分发挥监督作用，使会计管理水平更具规范性及有效性，提高企业的综合实力。

在现代企业发展中，我们必须加强会计管理工作，贯彻落实责任会计理念，以科学认真的精神、求真务实的态度建立合理、规范、有序的会计责任体系，促使企业会计工作人员更加积极主动地发挥主观能动性，避免人为失误对企业造成的损失，将会计风险的防范工作落到实处。

第二节 内部审计在企业会计风险管理

内部审计主要是指企业站在战略角度，对企业内部的财务风险进行有效管理和调控，使会计工作能够更加完善，能更加符合企业既定发展目标，为企业内部各个不同部门和单位的管理人员提供真实有效的管理意见。实现企业内部审计工作与外部审计工作的完美配合，是当前阶段企业审计过程的最大特点，这不仅能够有效优化企业审计管理流程，同时也能配合国家审计部门完成相应工作。将企业内部审计应用在企业会计风险管理当中，有利于提高会计风险管理水平，降低企业各项决策的风险性，推动企业快速稳定发展。本节将对企业会计风险管理当中内部审计的基本定位和积极作用进行分析，同时对企业会计风险管理中内部审计应用效果增强的具体策略进行研究。

内部审计工作是保证企业正常生产运营的关键所在，企业内部审计与企业风险管理在企业管理当中发挥了重要作用。企业内部审计工作的有效性能够分担企业外部审计工作量，提高企业财务管理效率，对财务工作流程进行相应的优化。同时，企业内部审计能够有效降低企业运营风险，保证部门之间的良好配合。

一、企业会计风险管理当中内部审计的基本定位和积极作用

（一）企业会计风险管理当中内部审计的基本定位

正常企业在会计风险审计方面需要具备三个基本组成要素，分别是风险控制、固有风险及风险检查。这当中风险控制主要是对企业内部阶段没有得到及时处理的风险问题进行预检，例如相关数据的错报、漏报等，导致此类风险问题的原因主要是企业自身在内部控制方面缺少科学性与合理性，或者在内部管理方面存在执行效率不高的问题。固有风险主要是指刨除企业内部管控能力和水平因素，在企业进行交易的过程中，账户出现错报或漏报问题，以及企业账户余额管理出现问题，等等。

（二）企业会计风险管理当中内部审计的积极作用

现代企业会计风险管理水平与企业内部审计工作的有效性密切相关。企业若具备良好的内部审计制度和执行能力，则可以实现对风险管理体系的调整和完善，从而提升企业财务风险预估能力，保证企业运营的平稳性和安全性。企业的内部审核委员会，是企业董事会当中的二级机构。在开展审计工作的过程中，企业的内部审核委员会不仅需要站在战略高度，同时也需

要结合企业治理目的开展各项审计工作。开展内部审计工作有利于完善企业的风险管理评估体系，同时有利于提出有针对性的应急预案和问题解决对策。从发展的角度看，企业增强对内部审计工作的重视程度，能够有效降低企业会计风险，有利于企业可持续发展。在开展内部审计工作过程中，内部审核委员会通常与企业的正常生产运营不产生关联，所以能够更加客观、全面地评价企业会计风险，针对企业会计风险管理过程中存在的问题或缺陷提出科学合理的改进意见，与企业相关部门进行合作，为企业制订审计方案。因此，企业内部审计是企业会计风险管理中的重要内容，能够优化企业会计风险管理机制，有利于建设完善的企业会计风险管理体系。

二、企业会计风险管理当中内部审计应用效果增强的具体策略

（一）企业内部审计工作应保证独立于其他部门

企业内部审计工作必须具有较强的独立性，虽然需要与其他部门进行配合完成审计内容，但是对于缺乏独立特点的企业内部审核机构来说，其审计工作质量很难保证。同时，缺乏独立特点的企业内部审核机构也会对企业内部审核的顺利开展产生一定制约。因此，企业内部审核机构需要在开展审计工作过程中保证设计资源独立整合，同时注重审计工作的公开性和公正性，通过提高审计人员的职能和增强审计人员的责任意识、降低企业内部审核机构与其他部门之间的联系性，来确保审计结果真实有效。同时，作为企业的管理层，企业内部审核机构需要提高对企业内部审计工作重要性的正确认识，使内部审计工作能够在企业会计风险管理当中发挥有效作用，提高企业会计风险管理工作的科学性、客观性及合理性；需要结合企业管理情况

完善内部审计机制，建立一个能够独立于企业监督部门和财务部门的内部审计体系，从而保证企业的内部审计工作能够向公正、公开、公平、透明的良好方向发展，为降低企业会计风险、提高企业核心竞争力发挥有效作用。

（二）企业内部审计风险评估需要注重科学性

为了确保企业内部审计工作的开展有助于提高企业会计风险管理水平，需要负责企业内部审计工作的相关人员能够在开展企业内部审计工作前，对被审计企业进行深入调查分析，全面掌握被审计企业的经营项目当中可能存在的问题，更好地把握企业风险控制方向。在开展企业内部审计工作的过程中，负责审计工作的相关人员需要严格遵守审计工作标准、规范，为审计结果真实性和完整性打下良好基础。

（三）注重提升企业内部审计工作的质量

要想增强企业审计工作在企业会计风险管理中的应用效果，需要企业首先提升内部审计工作的质量，明确规定企业内部审计人员的基本职能，规范企业内部审计工作流程，要求审计人员按照规范流程开展内部审计工作。审计负责人员在收集相应审计资料的过程中，需要使用正确的收集方式，确保资料真实性，同时，还需要全程记录企业内部审计工作，以方便企业管理部门的调查和考核。

（四）注重提升企业内部审核在风险评估方面的完善性

在全球化市场经济背景下，我国市场环境日趋复杂，企业要想保证内部审计工作的有效性，应首先健全内部审计工作中的企业会计风险评估体系，切实提高企业会计风险管理水平，从而有效降低企业在生产运营过程中可能出现风险的概率，推动企业稳定发展。在企业开展内部审计工作的过程中，审计机构需要对企业当中的被审计部门进行全面的调查，通过分析对风险

135

作出预估，其中主要包括前文提到的固有风险、风险控制及风险检查。如果在审计过程中发现一些不确定的会计资料或信息，审计机构必须提高警惕，谨慎处理，同时要结合风险预估机制，估计可能给企业造成的危害，结合问题找到科学有效的风险规避措施。

随着当前市场环境愈加复杂，企业在生产经营过程中需要面对的各种风险概率不断提高。企业会计风险管理的有效性不仅关乎企业财务问题，而且会影响企业发展和长远规划。因此，将企业内部审计工作应用到企业会计风险管理当中，是未来企业可持续发展的必然选择，同时也是现代化企业的发展趋势。在企业未来会计风险管理过程中，需要不断提高审计工作的科学性、准确性，通过进一步全面落实企业内部审计工作，提高企业会计风险管理工作质量。

第三节 企业会计电算化的风险管理

随着时代的进步与经济的发展，会计电算化已经成为了各个企业会计工作的基本方式。会计电算化是以电子计算机为主的当代电子技术和信息技术在会计工作中的运用，它在会计发展历史上是一个跨时代的变革。会计电算化的广泛应用，是时代发展的要求，也是会计发展的要求。但是会计电算化在使传统会计工作更加高效、准确的同时，也存在着很多潜在风险。本节将从会计电算化的基本情况出发，探究会计电算化存在的种种潜在风险，同时提出针对企业会计电算化风险管理的对策与建议。

会计电算化将现代信息技术与会计工作紧密结合在一起，能够更加全面系统地分析、整合会计信息，减轻会计工作人员的负担，使企业提高运作效率，获得更高的经济效益。但是，会计电算化在将高效与便利带给企业的同时，由于专业技术、操作人员、安全防护等方面的问题，也蕴含着种种潜在风险，因此对企业会计电算化的风险管理及对策的探究十分必要。

会计电算化是计算机技术与会计工作相结合的产物，它帮助企业运用专业的会计软件来高效、准确地进行记账、报账、查账等工作。与此同时，会计电算化还在传统会计业务处理的基础上丰富了会计工作的内容，比如可以分析整合会计信息，做到事前预测、事中监督，从而有利于企业做出准确的判断和决策，提高其经营管理水平。会计电算化推动了会计理论与技术的创新以及会计观念的更新换代，加快了会计工作现代化的进程。

一、会计电算化的发展现状

在当今世界经济全球化的趋势下，会计电算化已经成为了企业会计工作的重要工具。同时随着社会经济与科技的突飞猛进以及会计理论体系的不断完善，会计电算化在企业的经营管理活动中起到的作用越来越显著。

会计电算化在我国的起步时间较晚，20世纪70年代末，我国企业开始认识了会计电算化，随后开始逐渐深层次地了解并将其运用到企业的会计工作中。1996年，我国的企业会计电算化发展到创新提高阶段，全国各大企业开始广泛地应用会计软件实施会计电算化。直至今日，我国的会计电算化工作已经较以前更加成熟与完善。

二、会计电算化存在的风险分析

（一）会计电算化的系统风险

会计电算化系统正常且稳定的运行是企业会计工作顺利实施的保证，但是在实际工作中，会计电算化系统仍然存在着不少风险，其中数据风险和系统故障风险占据着主要地位。

会计电算化虽然在一定程度上节省了人力，但是一些原始的数据和信息仍旧需要人工去输入，这时，如果人工输入的数据存在错误，将会导致会计电算化系统计算出来的数据存在错误，最终得到错误性结果。这种关联性与反复性的错误就是会计电算化系统存在的数据风险带来的。

由于会计电算化是计算机技术与会计工作结合的产物，其工作过程大多依靠计算机设备，所以计算机设备在运行过程中出现的问题就成为导致会计电算化系统故障风险的原因。例如计算机硬件发生故障，可能会导致已保存的数据丢失，给企业带来损失。

（二）会计电算化操作不规范导致的风险

会计电算化背景下的会计工作需要同时精通会计专业知识与计算机知识的复合型人才，然而当今社会却十分缺少这种专业素质高的复合型人才。大多数会计工作人员只能掌握一些基本的应用软件的操作方法，对会计软件的操作规范不熟悉，十分容易出现操作失误、录入信息有误、利用职权徇私舞弊等现象，会计电算化的规范化运作并没有完全实现，从而对企业产生消极影响。

（三）会计电算化安全防范不当导致的风险

网络安全是当今社会主要的安全问题之一。对于建有局域网的企业来说，网络安全问题，尤其是财务方面的会计软件安全问题极易出现，并且极易传播。网络病毒和黑客侵袭、数据传输与备份过程遭遇外来病毒入侵等问题都会导致企业的经济损失。

三、会计电算化风险管理对策

（一）及时更新维护电算化软件

会计电算化软件是企业会计工作的基础，也是企业会计电算化风险的主要来源。因此，守好会计电算化软件这一关对企业会计电算化工作的顺利开展有着重要的意义。首先，企业应当购买应用成熟、安全并且适合企业实际需要的会计电算化软件，在安装使用之前，要对操作人员进行系统的培训与考察。其次，在使用软件的过程中，要进行实时的监控维护及病毒查杀工作，同时为了更有效地进行工作，还需要定期对会计电算化软件进行更新。

（二）培养高素质会计工作人员，加强其对电算化的认识

虽然说会计电算化在一定程度上替代了人工，但是会计工作人员仍是会计业务操作的主导者。因此，会计工作人员应当积极地顺应时代潮流，熟练掌握会计应用软件的操作方法，并且精通系统维护、网络安全、程序更新等技能，成为计算机知识与财务专业技能同时具备的复合型人才。

（三）建立健全会计电算化内部控制制度

建立健全会计电算化内部控制制度是防范风险的基本方法，也是保证企业会计工作正常开展的前提。企业应当结合自己的实际，严格规范会计工

作人员的行为，做好各项工作的监督控制，明确各个岗位的责任，规范各个工作流程的标准，完善企业会计电算化的内部控制制度。

第四节 网络背景下中小企业会计管理

从当前的现实情况来看，我国社会经济的发展在很大程度上依赖中小企业的发展。现今中小企业的发展是国民经济得以发展的重要保障。会计信息管理系统是会计信息化最主要的内容，尤其在当今互联网时代，由于网络信息的开放性和传输性，会计信息管理系统成为会计风险防范的主要层面。进一步健全和完善中小企业的内部信息控制，实现对会计信息的科学管理，对进一步化解会计信息风险具有十分重要的现实意义。在此基础之上，本节将对我国中小企业的会计控制问题进行全方位的分析，指出在网络背景下中小企业会计管理的风险，有针对性地提出化解风险的对策。

近些年来，伴随着信息技术的不断发展，企业逐步实现变革，尤其是互联网络技术的广泛应用，促使企业对会计信息化建设的重视程度越来越高。然而，从当前的现实情况来看，由于我国中小企业缺乏相应的人才和资金，企业的内部信息建设相对比较缓慢，在很大程度上已经跟不上信息更新的步伐，制约了我国中小企业的发展。不可否认的是，企业信息化将进一步推动企业生产过程、资金流动及客户交换等诸多环节的数字化，而所生成的信息内容、信息资源，能够进一步实现企业生产要素和相关资源的优化配置。会计信息化可以说是企业信息化的一个重要组成部分，也是在网络技术不断发展的背景下所诞生的一个新的名词，是会计与信息技术之间的有效融合。但是不可否认的是，在互联网飞速发展的今天，会计信息化作为企业决策层作出科学决策的重要依据，所带来的会计风险仍然不可忽视，其主要的风险包括：系统风险、内部制衡失效风险、系统关联方风险、网络道德风险、会计数据风险、失效保存风险。这些风险的存在，在很大程度上制约了我国会计信息化的发展，也影响了中小企业的会计决策。因此，要实现中小企业的长远发展，必须对会计信息化风险进行相应的防范。

一、中小企业会计信息化风险

（一）系统风险

在互联网络飞速发展的今天，会计信息的收集及整理在很大程度上依赖计算机技术，传统的手工工作已经难以满足企业发展的需求。互联网技术的应用，在使企业受益的同时，也会导致一系列的系统风险，典型的风险就是在操作的过程当中，由于操作不当，或者由于硬件乃至软件的损坏所带来的信息损失，甚至部分企业也会面临着病毒入侵的风险。这些风险一旦发生，轻则可能导致企业的会计信息失真，重则可能导致企业的会计信息失窃，从而给企业带来不可估量的损失。因此，在进行会计信息化建设的过程当中，一定要重视对系统性风险的防范，为企业的财务信息构建起一个更加真实、安全的信息系统环境，这样一来，企业才能够更好地开展各项会计工作。

（二）内部制衡失效风险

从当前的现实情况来看，互联网的发展在很大程度上促使企业处于一个信息的海洋当中。在信息的海洋当中，企业可以快捷地搜集各类相关信息，而正是因为互联网具有开放性，企业的会计信息安全才会受到威胁。在网络背景下，大部分非法入侵依然来自企业的内部人员，企业的内部人员极易获取企业内部相关的会计信息资料，所以加强对内部风险的管控在互联网时代就显得尤为重要。

（三）系统关联方风险

互联网具有极为明显的开放性，正是基于互联网的开放性，促使企业在激烈的市场竞争当中更容易表现自己。与此同时，相关者也更加容易获取企业的相关资料，或者网络的开放性，导致与企业财务相关的各个合作伙伴（包括供应商、企业客户、税务机关等），很容易入侵企业的内部系统，来非法窃取企业的会计信息资料。

（四）网络道德风险

网络道德风险最为明显的表现，就是不法分子利用网络自身的弱点来窃取企业财务信息。在互联网飞速发展的今天，网络道德风险最难以规避。尤其对中小企业而言，由于中小企业在会计信息化建设层面并不能够投入太大的精力，所以很多中小企业的财务系统往往存在着较大的漏洞，这些漏洞的存在，这就给予很多不法分子可乘之机。一旦企业相关的财务信息资料被竞争对手获取，那么该企业在市场当中便会处处受制于人，这在很大程度上影响了企业的持续稳定发展。

（五）会计数据风险

在当前的时代条件下，信息作为企业最为重要的资源，应当被企业重点保护，而相关的财务信息更多地掌握在企业会计的手中，而这些会计数据的一手资料只有会计管理人员能够获取。互联网的开放性为企业的财务数据保密工作带来了挑战。在开放的互联网环境下，会计管理人员一旦缺乏相应的数据保密意识，就很容易造成企业会计信息的泄露。

（六）保存失效风险

目前中小企业在进行会计信息化建设的过程当中，虽都十分重视对传统数据的保存，但是数据的长期保存工作还有待进一步提升。中小企业无法投入大量的成本去购买庞大的数据管理系统，所以很多历史数据难以保存。一般来说，中小企业的会计信息系统只能够保存一年以内的财务数据，而企业实际发生的财务数据量是极其庞大的。企业在决策的过程当中，通常需要依据更多的数据来做出科学的决策。

二、网络背景下中小企业会计信息化风险防范措施

（一）会计信息安全措施

会计信息安全措施，要求企业的会计信息系统做到对财务软件的多层加密，从技术手段来保证相关财务信息、财务数据的安全性及真实性。除此之外，企业在进行会计信息安全保障的过程中，需要制定相对比较完善的信息管理办法，通过内控机制的构建来增强会计岗位专业人员的信息安全意识，并在此基础之上，逐步建立健全会计岗位责任制，保证每一项工作落实到个人，保证每一项责任落实到个人。一旦信息发生泄露或者出现信息保存失真问题，能够找到专门的负责人员进行补救。

（二）会计信息系统防护

虽然对于中小企业而言，很难投入大量的财力和物力到企业的财务信息建设过程中，但是可以尝试争取一个更加安全的信息防护系统，尤其对专门的防火墙技术、防病毒技术、系统备份更新技术等投入一定的成本。通过这样的方式，使企业的财务信息处于一个相对安全的系统环境当中。这样一来，既能够有效地防范企业的外部风险，也能够保证企业数据丢失后，能够

补救回来。

（三）完善企业内部控制制度

中小企业要结合时代发展的要求，构建起与时代相适应的内部控制制度，实现内控制度与网络环境的相适应、相配合。通过这样的方式来逐步构建起更加完善的会计信息安全防护制度，在该制度当中，一定要明确主要的负责人，设置专门的人员来对会计信息系统进行安全管理。

（四）信息系统外部控制

想实现对会计信息系统的外部控制，需要保证企业的互联网络、内部局域网络处于一个相对安全的环境当中，保障信息系统周边环境的安全。除此之外，还需要构建起远程监控制度，利用内部局域网络对企业的报表审计等财务行为进行全方位的监控，通过这样的方式来有效阻止相关财务信息的泄露，保证企业的财务信息处于一个相对安全的网络环境当中。

（五）完善资料管理

虽然传统的手工会计工作不能够满足时代发展的需求，但不可否认的是，手工记账的方式在很大程度上能够帮助企业保存一些关键的财务信息，所以在会计信息化不断发展的今天，企业的一些关键财务信息，仍需要手工处理，并且归档入库。通过这样的方式，企业可以及时查看一些关键的信息，尤其是关键的财务报表。这样一来，企业就能够更加方便地开展市场营销工作；企业的决策层也能够及时地了解企业真实的历史数据、历史信息，更容易做出正确的决策。

随着我国市场经济的发展，中小企业所面临的实际竞争压力逐步增加，会计信息化在很大程度上是其发展的关键性因素。而在网络环境下，企业的会计信息面临着巨大的挑战。网络环境带来的开放性及便利性，给其带来了相当大的安全隐患，在进行会计信息建设的过程当中，需要合理合法，在遵守基本原则的基础上突破常规，更加安全地进行网络建设。这样的方式可以更好地保证企业会计信息的安全，更好地帮助企业的决策层做出更加科学、更加正确的决策。

第七章 政府会计的基本理论

第一节 政府会计基本准则

2015 年 10 月，财政部发布了《政府会计准则——基本准则》（以下简称《基本准则》）。该准则自 2017 年 1 月 1 日起施行。《基本准则》的发布对构建科学、规范、统一的政府会计标准体系起到重要的基础性作用，为我国政府会计标准体系的建立提供了概念基础和行动纲领。本节通过解读《基本准则》，对政府会计基本准则的创新点和实施建议进行探讨。

一、政府会计基本准则的创新与突破

（一）政府会计体系的转变

目前的预算会计体系已经不能满足政府绩效评价、财政透明度、利益相关者等方面的需求。在实施运用过程中，虽然预算会计体系会被不断地改进和完善，但我国仍然缺乏一个完整科学的标准体系。《基本准则》的出台有利于引导政府会计体系由预算会计体系向现代政府会计体系转变。"二元系统论"者认为，现代政府会计体系由政府财务会计和政府预算会计构成，由于核算基础的不同，应当分别编制财务报告和决算报告。建立参照企业会计

系统的"四元系统"（包括政府管理会计、政府成本会计）是我国政府会计改革的长期目标，当前政府会计改革的重点是建立"二元系统"。只有建立起一套科学、规范、合理的政府会计体系，才能真正反映政府受托责任的履行情况，为会计信息使用者提供及时、有效、合理的会计信息。

（二）会计核算模式的创新

现行预算会计制度的核算对象分为资产、负债、净资产、收入和支出五大会计要素。这样的分类给政府会计核算和信息报告带来了不便，特别影响行政事业单位财务报告的科学性和真实性，因而有必要加以改进。《基本准则》在过去的会计要素划分上有所改进，第一次提出了收入和费用两个要素，但与当前的预算会计中的收入和支出有所区别，主要起到反映公共部门运行成本、资产管理效率的作用。会计核算模式的创新既能满足基于不同确认基础的会计报表的需求，也能反映公共部门活动所包含的会计核算对象。

（三）政府会计报告的转变

我国目前的政府会计信息过于分散，不能满足政府会计信息使用者的需求，信息披露形式的不合理进一步降低了财政运行的透明度。对内部信息需求者来说，没有充分的根据来做出政府决策；对外部使用者来说，不能摸清政府财务活动的实际运行情况。《基本准则》除了要编制过去的决算报表外，还应编制反映政府财务状况的资产负债表，以及反映政府运行成本绩效情况的收入费用表和反映政府现金及现金等价物流入和流出情况的现金流量表，符合情况的还需要编制政府合并财务报表。

二、政府会计基本准则实施的相关建议

（一）加快政府会计体系建设

政府会计改革是一项庞大的系统工程，既涉及一系列法律法规的修订和完善，也涉及具体准则、应用指南等的制定与出台。《基本准则》仅是政府会计体系的一小部分，是建设政府会计体系的开端，可以借鉴企业会计体系，积极起草、制定政府会计具体准则及应用指南。具体准则的制定能够体现基本准则的意义，应用指南的跟进能够更好地帮助人们理解和运用具体准则。加强政府会计学术探讨，充分发挥各界力量，提出问题，解决问题，积极解决政府会计改革中的"硬骨头"。规划出各项措施的时间轴，稳扎稳打，循序渐进，让政府会计改革在稳中求进，力求在现有的基础上建立一套健全、完善的政府会计体系。

（二）引入注册会计师审计制度

政府部门引入注册会计师审计（外部审计）制度，有利于完善国家财政监督和治理体系，有助于防范当局债务风险，满足社会民众对政府财务信息和财政活动透明度的需求，让民众充分享有政府财务信息的知情权和参与权。

首先，要推动外部审计的制度化建设。制度的设计需要法律法规的支撑，政府要积极出台相关的法律法规，为外部审计提供法律依据。可以先在小范围内试点，待时机成熟再推广运用，同时赋予注册会计师相应的权力，保证政府审计的顺利实施，以获得充足、合理的审计证据来发表审计意见。其次，审计服务的购买主体是被审计对象，容易形成虚假审计报告，而且当前审计服务主要运用于政府投资审计和企事业单位财务审计等少数领域。因此，要

加强注册会计师审计的独立性及其工作的监管和事后评价，从而保证政府审计质量。再次，高效运用审计结果是发挥注册会计师审计作用的意义所在。建立有效的结果利用机制，不仅能发挥外部审计的监督作用，而且有助于形成外部审计、内部审计、政府审计三大审计协调统筹关系，提升审计的有效性、科学性，让政府活动在阳光下运行。

第二节 政府会计主体的界定

会计主体是理论上的一种假设，用以界定会计管理活动的空间范围。目前，我国会计管理已形成企业会计、政府会计、民间非营利组织会计"三足鼎立"的格局。但是，对于政府会计管理的范围和会计主体界定的标准，对于政府会计与其他两类会计管理的边界线，理论界和实务界有着不同的看法。本节拟对此问题作一定的分析并提出相应的解决建议。

一、政府会计主体的确立模式

西方国家确立政府会计基本主体，有组织说、使用者说、受托责任说、公共财政理论、基金理论等多种理论基础，不同的理论观点导出不同的管理模式。他们的做法，概而言之有三种：①以单位为基本主体，就是把政府组成、控制的单位作为基本主体，德国、法国都是采用这种做法。②以基金为基本主体，就是把政府营运的资金"切块"，每"块"资金有固定的来源和限定的用途，分别设置账户核算，编制财务报表。每"块"基金独立运作，都作为基本主体。采用这种模式的典型代表是美国的州和地方政府会计。③单位主体和基金主体并存，就是将政府一般经济资源以单位为主体进行核算和报告，对有特定用途的资金以基金为主体进行核算和报告。这种做法可称为"双元主体"模式。目前，英国、加拿大、澳大利亚等国家都采用这种模式。

对于我国政府会计应确立何种主体模式，各方面的认识尚不统一，有的学者提出应学习美国的做法，全部采用基金主体模式；实务工作者和多数学者则主张采用"双元主体"模式。笔者赞成后一种观点，即采用单位主体与基金主体并存的"双元主体"模式。具体来说，就是在总体上以单位为基本主体，对特殊事项（项目）以基金为基本主体，其理由主要有以下几点：

采用"双元主体"模式符合我国国情。按照《中华人民共和国预算法》和《中华人民共和国会计法》的规定，企业会计、行政单位会计、事业单位会计及基本建设会计一直是按单位进行核算并报告的。改革开放以来，我国的财政预算管理制度虽然进行了多方面的改革，但在部门预决算编制、部门预算执行、国库集中支付、政府采购、非税收入收缴等方面，仍然坚持按单位管理。随着改革的深化和管理的需要，财政预算和会计核算也陆续推出了按基金（资金）管理的新形式（例如农业综合开发资金、社会保险基金等）。此外，我国的企业会计也采取了大多数以单位为主体、少数以基金为主体（如企业年金基金）的做法。实践证明，这种"双元主体"模式是行之有效的。

我国政府会计全部采用基金会计主体制，缺乏现实意义。推行基金会计主体制是加强管理的一种手段而非目的。政府设置独立运作的基金，在加强政府或政府单位财务资源管理、更好地贯彻专款专用原则、保证公共财政资源或其他资源用于限定用途等方面具有独特作用。但是，推行基金会计主体制的前提是预算管理和财务管理必须推行基金会计主体制，否则基金会计主体制的优势就不可能展示出来。近年来，我国通过部门预算改革和政府收支分类科目改革，已经把一般预算收支、基金预算收支、债务预算收支、预算外资金收支融为一体，统一形成"收入按来源、支出按功能"的综合性公共财政预算体系。谢旭人指出："今后要进一步完善公共财政预算、国有资本经营预算、政府性基金预算的编制，在建立社会保险基金预算的基础上逐步建立社会保障预算，形成有机衔接、完整的政府预算体系，以全面反映政府收支总量、结构和管理活动。"从财务管理的角度看，我国也形成了资金或资产以单位为主的管理模式。这种预算管理和财务管理格局已经为社会各界所认可，要推倒重建，既不可能，也无必要。如果这种既定格局不能改变，在政府会计上推行完全的基金会计主体制，将会产生许多问题：一是政府会计核算与预算管理难以衔接；二是单位多渠道取得的资金，在拆开核算后将影响单位收支的统一管理；三是基金制会计对现行的会计模式、会计核算系统、会计核算观念的冲击太大，必定带来强大的阻力。

政府会计"双元主体"模式在一定程度上体现了与国际通行做法的协调。已实施政府会计改革的西方国家大多建立了适应本国需要的政府会计概念框架。目前，国际公共部门会计准则理事会正在打造一套适用于全球需要的政府会计概念框架。该理事会认为，政府工作报告主体不受其法律形式的约束，可以是单位组织，也可以是一项计划。这就肯定了政府会计主体存在单位、基金等多形式主体的可能性。

二、单位会计主体界定的标准

我们认为，界定政府会计的单位主体范围，一要符合政府公共财政体制中单位的基本特征，二要与政府财政资金管理、国有资产管理、会计管理体制相协调,三要尽可能减少改革的阻力,四要预留财政改革与发展的空间。依据上述四项基本要求,借鉴国外的有效经验,笔者提出了适应我国情况的三条划分标准:①公立性质,即机构设置经政府权威部门批准,占有、支配和使用的资产全部或大部分为国有资产;②对政府负有财政、财务等方面的责任,包括按规定使用财政性资金,提高资金及资产的使用效益,维护国有资产安全等方面的责任;③履行政府公共管理和服务职能,即单位的经济业务活动属于公共管理或公共事业服务,不以营利为目的。同时具备上述三条划分标准的单位,可列为政府会计单位主体,纳入政府会计系列管理。当然,在执行过程中,如有个别特殊性单位难以划定,建议授权当地财政部门酌情确定。

采用以上政府单位会计主体界定标准的优点主要有:①覆盖完整。公立单位使用的资源是公共经济资源,以公立单位和履行政府公共职能为标准体现了政府公共财政的职能,涵盖了所有的政府单位。②便于操作。我国各级政府的机构、公立单位是确定的,根据相关部门的认定即可"对号入座"。③适应政府职能的转变。随着政府管理职能的转变、事业单位改革和农村综合改革的深化,有些单位会退出或进入履行政府职能的领域,以履行政府公共职能为标准,届时可将这些单位划出或划入政府会计管理的范围。④与国际公共部门会计准则的做法趋同。国际公共部门会计准则理事会规定,国际公共部门会计准则适用于除了政府企业以外的所有公共部门主体。

三、基金会计主体界定标准

基金会计主体的设立应当与我国财政预算管理、财务管理的基金制管理对接。据此,特提出界定基金会计主体的三条标准:①经中央政府批准或中央政府授权省级地方政府成立特定事项（项目）的资金；②要求资金单独运行，单设全套账户核算并编制财务报表；③有财政拨款并单独编制政府基金预算。同时具备以上三条标准的事项（项目），可列为政府基金会计主体。

按照上述界定标准，我国政府会计中属于基金主体的有：①三峡水库库区基金。此项基金专门用于库区管理、维护和基础设施建设，收入有固定的渠道，收支预算管理、财务管理、会计管理均独立运行。②农业综合开发资金。此项资金是经国务院批准设立的，财政拨款纳入各级政府预算，财务管理和会计核算单独运作。③社会保险基金。此项资金分级运作，属于政府托管性质，单独编有预算和财务收支计划，独立核算。④住房公积金。此项资金的运行情况与社会保险基金相似。⑤国际金融组织贷款转贷资金。此项资金有其特殊的转贷关系，资金转贷不以营利为目的，大部分贷款资金和全部还款资金流经各级财政部门。

需要说明的是，目前财政管理上常用的"基金""专项资金"仅要求其收入与支出相对应，不要求单独运营，所以不可作为政府会计基金主体。预算会计制度上设置的基金科目，也不属于基金会计主体。

随着政府经济活动内容增加和管理的需要，还会设立新增的基金会计主体。但是，基金会计主体不能设置太多，否则就会使基金核算过程过于复杂，使基金管理失去意义。

同时，笔者建议，在条件成熟时，可建立国有资本经营基金会计主体。理由是：政府对国有企业的资本金属于政府的投资资产。将政府对国有企业的投资资产及净资产在政府会计报告中披露，是完善政府会计报告内容的要求。进行企业国有资本的核算，再加上目前已经启动的国有资本经营收支核算，就可以形成国有资本经营基金主体。这样，既可以核算和报告企业国有资本金的数量及增值、减值，又有利于反映企业国有资本经营收支管理与国有资本金资产管理的有机衔接。

四、事业单位的会计管理归属

我国各级政府十分重视社会事业的发展，各级财政对社会事业的发展给予了大力支持。改革开放以来，我国事业单位的发展在许多方面出现了一些新变化。一是事业单位经费不再单纯依赖财政拨款，出现了资金来源多渠道的格局。二是公立事业单位的经济业务活动，除履行公共服务外，还有一些经营性业务，有的甚至以经营性业务为主。三是财政对事业单位的管理，采取了"定额补助""定额补贴"等区别对待的政策。在这种新形势下，哪些事业单位应纳入政府会计管理成为需要研究和解决的难题。目前，各方面对事业单位归属问题的看法分歧较大，焦点是如何正确对待那些处于边界线附近的特殊性单位。笔者的具体意见是：

第一，关于"经费自理"单位的归属。2008 年，全国"经费自理"单位为 1.99 万个，占事业单位总数的 3.5%。这些单位都是公立的，使用国有资产，提供部分公共服务，财政上给予"定项补助"，并纳入部门预决算管理。按照上述政府会计单位主体的"三条界定标准"衡量，应纳入政府会计管理范围。

第二，关于"企业化管理事业单位"的归属。这类单位的法人登记仍为事业单位，但是单位的经济业务活动主要面向市场，实行企业化管理，以营利为目标。有些单位已经转变或正在转变为经济实体（如培训中心、招待所、出版社、文艺团体等）。这类事业单位不宜纳入政府会计管理的范围。

第三，关于"乡镇所属事业单位"的归属。我国乡镇设置的事业机构数量多，且职能不清晰。海南省政府依据《中央机构编制委员会办公室关于深化乡镇机构改革的指导意见》进行改革，改革前财政供给事业单位为 1318 个，改革后为 816 个，减少近 40%。这就为界定政府会计单位主体范围奠定了基础。但是，就全国而言，乡镇机构改革还有一个较长的过程。笔者认为，已完成乡镇机构改革地区的政府会计管理范围的界定，自然是"水到渠成"；未完成改革的地区可先照原样确定，改革完成后再做相应调整。

第四，关于"公立专业性社会团体"的归属。如研究会、协会，一般使用国有资产，有财政"定额"补助，其业务活动是为政府主管部门工作服务的。目前，此类社会团体在会计制度适用上归属于民间非营利组织系列。其实质上属于公立社会团体，符合上述"三条界定标准"，因此应纳入政府会计管理范围。

五、国有企业是否纳入政府会计管理

笔者认为，国有企业（包括公用事业领域的国有企业、政策性银行、地方政府设立的投资公司或担保公司）都不应纳入政府会计管理范围。主要原因有以下几点：①在计划经济时期，国有企业便未纳入政府会计系列管理。改革开放以来，国有企业已成为独立经营、自负盈亏的法人主体。国有企业的经营目的与政府单位业务活动的目的迥然不同。②我国国有企业一直执行企业会计准则或制度，这一做法符合国际通行惯例。政策性银行、投资公司、担保公司等也已在执行企业会计准则或制度。③国有企业的收益已列入政府预决算，国有企业的资产负债不属于政府的资产负债，没有在政府会计报告中反映的必要。某些信息使用者如有这方面的信息需求，可以从别的渠道获得。④国际公共部门会计组织也不主张将政府企业（包括金融企业）纳入政府会计主体。

六、会计主体、会计规范适用主体、预算管理主体范围的关系

在政府会计理论讨论和会计实务管理中，存在会计主体、会计规范适用主体和预算管理主体的提法。其中会计主体是指会计记账和报告的主体，会计规范适用主体是指会计准则或制度适用的会计主体，预算管理主体是指政府预算管理中，编制、执行、报告预决算的主体。这三种主体的范围是否应一致，目前国内的认识还不统一。

笔者认为，在我国政府会计管理中，宜体现这三种主体范围的一致性，理由主要有：①有利于会计报告与预算紧密衔接，数据口径相同；②我国现行预算管理制度和会计制度设计的初衷，实际上体现了这三种主体范围的一致；③在理论上也可以说得清。

据此，笔者建议，应当在政府会计管理中做到以下几点：①设计政府会计基本准则时，要体现这三种主体范围的一致性。②明确将属于"经费自理"的事业单位和"公立专业性社会团体"纳入部门预算管理；明确国有企业、企业化管理事业单位不属于部门预决算单位。③在制定政府单位会计制度时，要将公立专业性社会团体纳入适用范围。

第三节 绿色环境下的政府会计

在区域经济发展的过程中，地方政府起着十分关键的指导作用，而政府会计作为政府业务活动中重要的信息管理人员，承担着经济指标的计量、考核和报告工作。本节将结合生态文明建设的要求，找出当前阶段政府会计存在的问题，探索新时期、新要求、新环境下政府会计的发展方向，为政府会计的发展提出合理化建议。

政府部门作为我国经济、生态和文化发展的重要部分，起着关键性的领导和监督作用。政府会计作为政府机构重要的信息管理人员，在面对新环境的多样性和新制度的复杂性时，或多或少地会遇到一些问题。笔者针对目前我国政府会计发展的现状，对政府会计以后的发展提出合理化建议。

一、政府会计和绿色环境概述

政府会计是一门用于确认、计量、记录政府管理国有资产、资源，报告政府业绩以及反映政府受托责任履行情况的专门会计。所有行政单位使用的资金和管理国有资产都要纳入政府会计的核算和管理。政府和企业或其他组织一样，都需要实行财务报告制度，以此来全面、系统地反映财政预算执行、政府的财务状况及其净资产等的真实情况。政府会计能够将政府业务活动所产生的会计信息进行有机的整合和全面系统的披露，公开透明的信息能够增强政府威信，强化政府责任。

绿色环境主要是指绿色的生态环境和绿色的政治环境。众所周知，绿色的生态环境是人类赖以生存的家园，但是最近几年，环境污染问题给人民的生活带来了许多不便之处，所以政府应加快生态文明建设，提倡低碳环保，实现可持续发展。从近期政府的各种活动（强制关闭露天水泥厂等产生高污染的制造企业）中可以看出，我们的生态环境正在向着全面、绿色、协调、可持续的方向发展。

二、绿色环境下政府会计的发展方向

（一）搭建云数据平台，向信息化发展

当前，大数据发展十分迅速，企业财务信息共享技术也基本得以实现，但是政府会计领域并未应用大数据。随着《政府会计准则制度》的全面实行，政府会计信息的及时性和准确性需要进一步加强。构建完善的信息化财务系统和财务共享服务平台，实现政府会计工作的智能化、高效化、一体化，确保与政府预决算、业绩报告以及受托责任履行情况等相关的信息能够及时、准确地传递到信息使用者手中，对区域政治、经济、生态和文化的发展具有重要意义。

（二）完善监管机制，向透明化发展

企事业单位目前的监管机构由于其规模、能力有限，对自身财务部门的监管大多流于表面，审计等外部机构有时也会帮助监管机构隐藏企事业单位的财务造假情况，这样财务信息的真实性就无法得到保障。政府会计提供的财务信息要客观透明，必须要在监管机制的监督和领导下，所以监管机构的作用十分重要。为了得到更多百姓的信任，减少风险，政府会计的透明化发展必不可少。

绿色环境下，我国政府会计面临着许多新的挑战。针对现阶段存在的问题，政府会计未来应向信息化和透明化方向发展，这样才能适应权责发生制改革的潮流，尽快完善政府会计体系，帮助我国政府会计又好又快地发展。

第四节 政府会计信息化建设

政府会计是政府部门加强行政管理的重要手段。随着信息技术和信息化在会计工作中的广泛应用，传统的会计模式正在发生深刻的变化。深入研究政府会计信息化建设，提高政府会计工作质量和效率，促进政府行政管理，推进经济和社会发展，都有着十分重要的意义。

一、加强政府会计信息化建设的必要性

（一）加强政府会计信息化建设，是提高政府会计管理能力的客观需要

目前，政府会计工作组织广泛采用从上而下、层级分明的垂直树状型管理结构。这种结构是一种集权与分权相结合的组织形式，它将日常经费开支与决策下放到掌握相关信息的下属部门，部门机关只负责执行战略决策、计划、协调和监督等职能。会计信息化可实现政府会计数据传递的网络化和集中化，使政府会计具有远程处理和时时处理能力。上级会计部门可利用网络，远程监控下级单位的财务开支情况，从而规范政府部门的会计行为。

（二）加强政府会计信息化建设，是提高政府会计工作效率的有效途径

在实施政府会计信息化之前，虽然利用电算化方式在一定程度上提高了会计数据计算和文字处理的工作效率，但由于电算化会计属于单机工作，财务部门的一项工作只能由某个计算机完成，计算机的工作任务非常繁重。政府会计在实现信息化之后，一项复杂的工作可以划分为许多部分，由网络上的不同计算机同时分别处理，这样既可以保证凭证的及时录入，又可以保

证数据存储的统一，大大提高了政府会计的工作效率。

（三）加强政府会计信息化建设，是提高政府会计信息质量的有力措施

及时性、完整性和重要性是会计信息质量的基本要求，是政府会计核算必须遵循的基本原则。在现行政府会计方式下，虽然及时性原则要求财政部门及时加工和反映会计信息，但由于时间和空间条件的限制，会计信息往往不能准确及时地反映会计主体的资金运用情况。会计信息化使会计信息对经济活动的实时反映成为可能，大大加快了会计信息的传播速度。此外，网络技术可动态跟踪政府会计信息的每项变动并予以全面反映，从而改变了会计信息滞后的状况。因此，信息化环境将使会计信息实时披露成为可能，极大地增强政府会计信息的时效性，从而有效提高政府会计的信息质量。

二、政府会计信息化建设存在的主要问题

近年来，随着国家信息化建设步伐的不断加快，信息技术在政府会计工作中得到广泛的应用，政府会计工作效率大为提高，所披露的会计信息更加真实、及时、准确和透明。会计信息化是政府会计发展的必然趋势，也是社会经济发展的必然要求，但由于政府会计信息化建设尚处于起步阶段，政府会计信息化建设还存在一些矛盾和问题：

（一）政府会计工作人员素质有待提高

会计核算必须遵循严格的法规、准则。以往在会计工作人员的选用上，对文化程度的要求还不是很高，只要懂一些会计基础知识就能适应会计工作，对灵活性、创造性以及对信息的收集处理能力相对要求较少。所以，会计工作人员的文化程度相对偏低、知识面偏窄，特别是对信息技术和计算机

的应用能力偏低。而政府会计信息化以网络会计为基础，网络会计作为网络与会计相结合的产物，对相应的会计工作人员、管理人员的素质要求大大提高，不仅要求他们具有丰富的经济知识和较高的会计业务处理技能，还要求他们精通计算机网络知识、基本的故障排除方法和计算机的基本维护技能，等等，对会计工作人员的能力素质提出了新的要求。而目前，大部分政府部门，特别是基层政府部门的会计工作人员以临时聘用人员为主，难以满足信息化建设对会计工作人员的能力素质要求。

（二）政府会计信息化政策法规亟待完善

现代信息技术为政府会计信息化的建设奠定了技术基础，但是与之配套的政策法规还不够完善，缺少能够确保计算机网络安全、健康发展的法律制度，现有的经济法规只停留在以前的会计模式上，已经不能适应会计信息化的发展。

（三）政府会计软件开发不到位

政府会计软件在许多方面没有很好地开发到位，这为政府会计工作人员的工作带来很大的不方便和重复。在会计信息化条件下，信息量加大和数据增多，以及需要建立数据库和信息平台，这样对会计软件的要求就会加大，以前的会计软件开发创新不到位，阻碍了政府会计信息化的建设和发展。

（四）缺少开放共享的信息环境

从目前我国政府会计发展的情况来看，阻碍政府会计信息化发展的一个重要障碍是缺少一个开放共享的信息化环境。由于种种原因，各级政府会计工作中的信息交流相对有限，制约了信息的共享和开放，也阻碍了会计工作人员的经验和方法的交流。

（五）政府会计信息化理论滞后

会计信息化是会计电算化和网络化的变革和发展，但是政府财政部门电算化和网络化的理论体系还不够完善，会计信息化理论相对滞后，缺乏一个了解和交流新理论的平台，政府会计信息化的理论本身是落后于其他发达国家和大中型企业的等原因，阻碍了改革的进行。

三、加强政府会计信息化建设的对策建议

（一）构建政府会计信息化标准体系

政府会计信息化标准体系，是指将信息化条件下政府会计的整个过程进行规范，在符合政府会计准则和会计制度的前提下，形成具有自身特点的标准会计信息系统。只有在统一标准下产生的信息，才可以被更快捷地汇总，并具有更高的可比性，帮助决策者了解、管理政府单位，做出合理的决策，优化经济资源和经费配置。政府会计信息化标准体系的构建包括如下步骤：标准的设计、具体的执行、控制与监督。政府会计信息化标准体系的构建包括三个方面体系的设计：财政部门内部控制的标准设计、会计流程和财务处理的标准设计、会计数据分类汇总的标准设计。

（二）完善政府会计信息化法规制度

加强政府会计信息化建设，不仅涉及技术问题，而且涉及政策问题和管理问题。技术改进虽然是最直接的手段，但离开法律的保护和有效的管理，即使有先进的技术，会计信息化建设也难以得到有效保障。因而，在研究、开发先进技术的同时，要做好与信息化建设有关的各种法律法规的制定工作，制定信息化条件下政府会计处置规则和规程，同时出台违反安全操作、蓄意改动数据、故意失密泄密等违法行为的处罚条款；要加大教育力度，培

养会计工作人员良好的法律意识、安全意识，这样才能最大限度地保证会计信息化建设的顺利开展。

（三）提高会计软件的智能化水平

政府会计软件正在从核算型向治理型、决策型方向发展，会计信息系统正在向功能综合化和技术集成化方向发展，软件系统越来越复杂，功能越来越全面，但针对性和适用性却有待强化和提高。会计软件是实现信息化的基础和平台，旧有的会计软件必须智能化、人性化，各个使用单位可以根据其特点、内部治理的需要和业务处理流程，对软件进行重整，真正发挥会计软件的强大功能，实现事业工作与财务工作的协同处理，实现数据高度共享，为实现政府会计信息化奠定技术基础。

（四）搭建开放共享的信息交流平台

政府会计信息化主要是通过对会计信息的收集、整理、处置来实现信息的合理、有序流动。在政府部门内部建立一个会计信息交流平台，让各个部门的会计和财务人员以及其他工作人员都能在一个相对开放的环境下了解会计信息，并且加以讨论和提出相应的建议和意见，或者也可以把自己所收集的信息放在平台上让大家共享，只有这样，政府会计信息化建设才能时刻更新和改革。

（五）加大政府会计信息化建设理论研究力度

由于国情及科技发展水平等方面的因素，发达国家的信息化建设起步较早、发展较快，在信息化建设中的经验教训和先进理论值得我们借鉴和学习。要根据我国政府部门会计工作的实际，对具有我国特色的政府会计信息化理论进行研究，以理论创新推动我国政府信息化建设实践。

第八章 政府会计发展探索

第一节 我国政府成本会计发展

政府成本会计的发展有利于加强政府在成本控制、服务价格设定、绩效评估、投资项目评价等方面的工作。因此，构建政府成本会计不仅是政府会计的发展需要，也是推动政府有效运行的发展需要。本节分析了构建政府成本会计的现实需求和政府引入成本会计将面临的问题，并借鉴有关研究成果和其他国家的发展经验，提出了我国政府成本会计的发展策略。

一、构建政府成本会计的现实需求

（一）成本核算难以准确进行

目前，我国政府会计体系主要采用的是收付实现制，也称作现金制。收付实现制能够具体地体现政府部门实际的收入支出状况，避免传统方法容易出现误差的弊端，在行政单位会计、财政总预算会计、事业单位会计中应用广泛。但随着我国经济的飞速发展、政府业务量逐渐增加以及政府改革的需求增强，以收付实现制为基础的会计核算准则已经不足以处理繁多的政府会计事务。

（二）资产运行难以准确核算与披露

任何一个政府在给社会公众提供公共产品和服务时，其不仅使用靠税收和举债而得到的资金，而且在不同程度上使用政府拥有的资产，例如政府投资主办的国有企业或非企业机构，政府所有的土地、建筑物、道路、桥梁、河流、山川等有形基础设施和自然资源。但是我国政府的很多资产并未完全列入资产账目，即便是对其所拥有的资产进行核算，也是仅限用于登记与核查审计。当用于购置与构建政府资产的财政预算资金支出后，能够用于其记录与核算的原始数据就无法恢复。没有列入政府资产的项目，就不能按市场价格或公允价值来估计其价值，这些资产在今后的使用年限里所产生的折旧或者摊销金额，以及这些资产的运作水平和运营效率都不能进行准确的核算与完整的披露。

（三）预算管理改革难以推行

政府需要向公众提供公共产品和公共服务，在此过程中需要消耗一定的资源，这就要求政府能够对其投入资源的成本及产出进行有效的确认、记录和计量。预算作为一种规划与控制机制，在政府管理中占支配性地位。当一项预算通过并实施时，已发生的成本可以与预算进行比较，服务于成本控制。所以，不论政府采用什么类型的预算，政府成本会计都会发挥重要作用。殷红指出，目前我国的行政事业单位固定资产不计提折旧，长期债务不预提利息，不能真实、准确地反映各政府部门提供公共产品和公共服务的成本耗费与效率水平，不能适应开展绩效预算管理的需要。推行绩效预算是我国预算管理改革的重要目标，由于政府会计尚不核算成本，我国当前并不具备推行绩效预算的条件。

二、政府引入成本会计将面临的问题

（一）资产的计量难度大

政府成本中一些资产会出现难以计量的问题，这些问题在一定程度上阻碍了成本会计信息为绩效型政府服务。成本是指为达到特定的目的（如生产产品或提供服务）所消耗的资源或所承担的债务的货币价值。但是并非所有被消耗的资源都能被准确地计量和确认，如自然资源，其成本计量具有一定的特殊性，将其进行资产化以及成本管理的难度很大。同样，我们也很难将其业绩与成本进行直接配比，因为业绩测量比成本测量更加抽象、更加困难。因此，如何对政府的业绩进行测量、考评有待于进一步研究和探索。

（二）引入权责发生制需要过渡期

财政部发布的《基本准则》明确规定政府会计中的预算会计实行收付实现制，财务会计实行权责发生制，这意味着以收付实现制为核算基础的政府会计体系要逐渐向权责发生制转变。我国大部分从事政府会计的工作人员习惯传统的收付实现制下的政府会计模式，缺乏对权责发生制等会计核算原则的深刻理解，这不利于权责发生制的引入，也不利于我国政府成本会计的改革发展。

（三）缺少配套的成本会计信息系统

由于我国政府会计缺少成本会计体系，也就缺少配套的成本会计信息系统，而且成本会计的核算过程需要大量的财务和非财务数据信息，在信息技术不发达的时代，这些财务和非财务数据信息的采集、加工作业都会耗费大量的人力和物力。近年来，随着现代信息科学技术的迅猛发展，我国政府机构的信息化步伐也在不断加快，各类管理软件的功能日趋强大，这大幅提高了信息采集和处理工作的效率，标志着构建成本会计信息系统的技术环境逐渐成熟。

三、我国政府成本会计的发展策略

（一）制定相关法律和规章制度

健全的法律制度环境能够保障政府机构引入成本会计这项工作的顺利进行，有利于提高各级政府机构引入政府成本会计的积极性。除了要健全相关的法律制度之外，还应有针对性地制定相应的成本会计准则。成本会计准则的制定是一项相对复杂的工作，不仅要结合我国的具体情况，也要与其他会计准则相协调，与会计处理原则保持一致。在政府成本会计准则中，该体系不仅应包括政府成本会计的目标、对象、核算原则、核算基础、处理方法等，还应包括政府成本会计报告等内容。

（二）推行独立的成本会计体系

我国现行的政府会计体系包括政府预算会计与政府成本会计：政府预算会计对政府预算资金的收入、支出、结余的情况进行记录和报告，政府成本会计披露关于政府提供商品或服务的成本信息。同时在政府预算会计中，制定预算审批的标准时需要参考政府成本会计核算资料。成本会计和预算会计的差异在于，成本会计的核算应该以权责发生制为基础，而我国现行的预算会计则以收付实现制为基础。为此，国际上部分国家对政府会计进行了改革，如新西兰把成本会计和预算会计融合，法国则把成本会计和预算会计分离。贝洪俊和施建华（2010）横向列举了美国、英国、加拿大、新西兰、法国以及 IFAC（国际会计师联合会，International Federation of Accountants）的政府成本会计研究成果，提出了构建政府财务会计、政府预算会计及政府成本会计的三元政府会计体系。法国是世界上第一个建立预算会计系统、财务会计系统和成本会计系统"三足鼎立"的政府会计模式的国家。由于我国政府会计是以收付实现制为基础的预算会计，我国可以适当借鉴法国的做法，将政府预算会计与政府成本会计分离，在现行的政府预算会计体系和财务会计体系之外，建立一个相对独立的政府成本会计体系。政府预算会计与政府成本会计这两个体系之间既存在联系，也存在区别。政府成本会计为政府预算会计提供预算审批的信息，但在核算方法和核算内容上体现出一定的差别。

（三）权责发生制与收付实现制有效结合

引入权责发生制需要经历一个过渡与适应的过程，国家正在积极地推动相关政策的出台和实施。权责发生制需要与收付实现制良好地结合，在我国政府会计改革的初期，要以收付实现制为主，发挥政府职能的主要作用。随着政府会计改革的不断推进，政府的参与管理职能逐渐向综合管理职能转变，权责发生制的应用范围在不断扩大，而收付实现制的应用范围在不断缩小，最终形成以权责发生制为主，以收付实现制为辅的政府会计核算基础。《基本准则》规定，政府会计体系包括预算会计与财务会计，其中预算会计以收付实现制为基础，对政府会计主体预算执行过程中发生的全部收入和全部支出进行会计核算；而财务会计以权责发生制为基础，对政府会计主体发生的各项经济业务或者事项进行会计核算。未来我国的政府会计的核算基础存在转向权责发生制的良好预期，这对政府机构的成本会计构建有着积极的促进作用。

（四）建立完善的成本会计信息系统

美国联合财务管理改善项目组在 1998 年指出，一个合格的政府机构的管理成本会计信息系统应当同时满足信息要求、功能要求及信息整合要求。成本会计信息系统运行的过程，实质上是对组织内相关财务数据和非财务数据整理加工的过程。只有在保障成本会计信息系统中的财务数据和非财务数据是准确且完整的前提下，相关成本费用才可能得到合理归集和分配。每个组织机构都有其特殊的职责要求和工作流程，成本会计信息系统应该因需设定。目前，西方国家已存在某些通用的政府成本会计信息系统软件。这些软件可以满足政府运营管理中大部分的信息需求，并且具有价格低、易于掌握的优点。但在使用这些通用软件时，某些政府部门需要结合其自身特点对软件的各功能模块进行相应的调整，避免系统输出无用的数据指标。

（五）提高工作人员的综合素质

政府成本会计对其从业人员在工作技能上的要求较为严格，由此需要对其进行针对性的培训。一般来说，一名优秀的政府成本会计工作人员需要具备良好的沟通协调能力、对组织运作流程的深刻理解能力、缜密的思维和分析能力，以及成本归集、分配方面的专业知识。对政府会计工作人员开展针对性的教育与培训，有利于转变其工作观念，提高其工作技能，使其能够胜任引入权责发生制乃至成本会计的政府会计工作。政府成本会计工作要求政府会计工作人员重新找到工作的重点，认识到降低政府成本的重要性，由注重投入向注重结果转变；同时还要求政府会计工作人员提高自身会计技能，熟练掌握成本会计技术，将其灵活运用在政府部门的会计工作中。

第二节 大数据时代政府会计发展

在大数据时代下，政府会计工作面临的财务信息数据量增长十分迅速，这对传统的政府工作方式与体系提出了挑战。目前，政府会计工作的财务信息共享程度加大，但是同时面临工作方式需要创新升级以及财务报告信息不完善等多方面的压力。只有通过积极为政府会计工作注入"大数据"思维、创新会计工作方式与体系、建立科学合理的财务信息报表等方式，才能切实提高政府会计工作的效率。

政府会计是政府工作体系中重要的组成部分之一。改革开放以来，我国市场经济体制不断建设与完善，会计行业得到了飞速的发展，逐渐与国际先进的会计工作标准接轨。然而，我国政府的会计管理工作效率仍然落后于发达国家政府部门的工作效率，我国的会计整体发展极度不平衡。随着信息时代的到来，财务数据信息呈现出爆炸式增长的状态，传统的政府会计工作面临升级创新的需求，如何运用大数据平台来处理现有的庞大数据，如何在互联网时代提高政府会计工作的效率，都是近年来迫切需要思考的问题。

一、大数据时代我国政府会计管理现状

（一）财务信息共享程度加大

在互联网时代下，政府财务共享的步伐加速，通过共享财务信息平台，政府可以制订标准化的业务实施流程，减少偏差及各业务单元可能存在的暗箱操作，降低各种风险，同时实现数据的无障碍对接；通过自动预警算法，政府可以帮助企业判断财务风险，做到提前规避风险。许多大城市政府的财

务信息平台都是针对公众开放的，当数据标准化后，通过数据共享接口，公众可以从中下载自己需要的财务数据，省去了长途跋涉、各地盖章审批的步骤。然而，政府财务信息的公开程度与西方发达国家相比仍然存在一定差距，许多原始数据无法直接展示和下载。

（二）政府传统会计工作方式亟须改革创新

随着公众生活的范围逐渐扩大，传统的政府会计信息处理方式已经无法处理当今时代日益增加的信息数据量，在会计工作的开展过程中存在着诸多局限性。首先，政府的受托责任逐渐狭窄，容易受到管理领导人的单方面控制，这使财务信息的连贯性与真实性受到质疑。其次，政府的收支主要以现金交易为主，而现金交易无法反映政府债务的变化，导致债务的整体核算难度增加。最后，政府的资金核算制度不够全面，如固定资产的登记记录手续不够完整；开支预算的报告申请流程也比较随意，无法覆盖实际工作中的所有财务变化；资金的可控性较低；政府财务工作中的核算体系与监管体系仍然需要加紧建设与改进。

（三）会计信息报告有待完善

我国许多地区的政府会计工作中存在财务信息透明度较低、财务信息报告规格不一致、重要财务数据缺失等问题。由于没有详细的预算模板，政府预算报告往往无法真实、全面地反映当地政府的资产运作情况，上级部门无法完全掌握地区事业单位的财务负债情况。除此之外，许多财务报告缺少必要的固定资产信息、设备发放情况等基本信息。财务报告的信息缺失导致了政府财政工作的整体透明度较低，政府难以接受公众监督、取得公众信任。

二、大数据时代提高我国政府会计工作效率对策分析

（一）为政府会计工作注入"大数据"思维

为了促进政府会计的创新与加速发展，需要将最新的理论成果积极运用到实践过程中。首先，各大高校部门应当继续对会计行业进行相关研究，如结合我国互联网时代的经济环境及变化趋势，重新对"互联网+"时代的政府会计工作进行研究。其次，支持专家进入政府相关部门进行指导，将最新的研究成果应用于政府实际的管理过程中。最后，促进理论研究与实践的结合，以理论研究促进实践，以实践效果促进理论研究不断完善。积极建立政府内部财务数据处理平台，利用财务公式测算各单位风险，设定风险预警指标，通过自动化的程序计算过程管理指标，利用大数据技术提高政府会计工作效率。

（二）创新传统政府会计体系与工作方式

随着信息技术的不断发展，传统的手工财务工作方式逐渐被自动化报表取代，政府会计工作亟须创新升级。一方面，政府相关部门需要推动政府会计工作的改革，形成以财务会计为主、预算会计与成本会计为辅的体系，将下级行政单位与事业单位也纳入会计工作范围，为政府决策者提供更加全面、层次分明的数据信息。另一方面，政府相关部门也应该加强对现有会计工作人员计算机能力的培训，积极运用计算机来处理自己的财务工作，提高财务数据的处理效率，让政府会计工作在大数据的推动下更加简洁、高效，改变传统政府会计工作方式。

（三）设计科学合理的政府会计信息报表

政府会计信息报表是政府财务信息的对外展示形式，公众及上级部门均需要通过会计信息报表来获取当地政府的财务数据。因此，设计科学、合理的会计信息报表对政府会计工作是十分重要的。一方面，会计信息报表应当全面包含财务报表、财务预算报表以及财务成本报表三个板块，针对不同的信息需求主体确定每个主题板块的具体标准与内容，尽量满足不同外部对象的阅读需求。另一方面，政府相关部门应该通过严格的监督机制确保报表制作过程中数据信息的真实性，建立完善的政府会计信息报表监督制度，提高报表的可读性，增加报表的价值。

随着互联网时代的发展，政府接触的财务信息呈现出迅速增长的趋势，传统的政府会计体系及工作方式面临重大变革。大数据及云计算的推广促进了政府财务数据的公开共享，提高了公众对当地政府工作的了解与支持程度。目前，我国的政府会计工作效率与西方发达国家相比还存在一定的差距，在工作方式及会计体系上仍然有许多需要完善的细节，只有积极运用信息技术，才能全面推动政府会计的发展创新。

第三节 现代政府会计体系发展

随着经济的发展，政府新的公共管理职能对维系社会经济的繁荣稳定至关重要。由于现代西方各国政府公共财政支出的绝对额和比重一路走高，所以引发了社会公众对政府管理的普遍关注。目前我国政府部门主要执行预算会计制度，还没有建立真正意义上的政府会计系统。因此，要科学合理地反映政府公共受托责任的履行情况，提高政府公共资源使用的效率、效益，需要借鉴西方国家的先进理念和经验，并结合我国具体实际加强政府会计核算和财务报告的改革，建立健全我国政府会计体系。

一、目前我国政府会计存在的主要问题

我国政府会计制度在经历多次修改变革后，形成了目前包括财政总预算会计制度、行政单位会计制度和事业单位会计制度的预算会计制度体系，对反映财政收支活动、加强财政资金预算管理发挥了重要作用。但是正如刘玉廷（2004）所言，这套会计制度不同于政府会计体系，从严格意义上讲，我国目前还没有能够全面反映政府经济资源、现时义务和业务活动全貌的政府会计体系。政府会计系统的缺失难以对政府公共资源进行全面的反映、评价，难以形成有效的监督考核机制，难以提高公共服务效率。

预算会计制度目标不合理，会计制度发展远远滞后于信息需求和会计实务发展需要，难以形成有效的监督和评价考核机制。目前，我国政府财政预算体系主要定位于通过财政资金的预算和决算、政府转移支付等手段满足政府部门的宏观管理需要，忽视了外部信息使用者的信息需求；财政信息缺乏透明度，难以形成对财政资金分配、使用环节的刚性预算约束；核算范围过于狭窄，政府会计信息缺乏整体性、系统性。

收付实现制计量基础难以有效反映公共服务绩效水平和公共资源的实际状况，难以提供科学的会计信息。首先，收付实现制容易被炒作，不能真实反映政府公共资源的风险损失情况，如现行规定未赋予地方政府举债权，大部分债务收支未纳入预算管理。其次，由于缺乏产品市场的竞争机制，政府公共服务绩效水平的衡量相对困难，主要通过国际横向比较和纵向比较

方式进行。

二、构建我国政府会计体系的政策建议

西方国家政府会计改革的成功经验对构建我国政府会计系统和廉洁高效的政府管理体制具有重要的借鉴意义，同时也有利于促进政府会计的国际协调发展。

构建以公共服务绩效受托责任为目标的政府会计体系，增加反映政府资金使用效率的信息内容。目前，我国现行政府会计信息在目标、披露内容和方式上都局限于内部管理和宏观调控需要，其内容也主要体现为各领域财政资金规模的核算等，不足以对公共资源的整体规模、使用效率和可持续性进行分析和判断。随着我国政治体制改革的不断深化和对公共资源稀缺性、政府受托责任履行情况的日益关注，我国政府有必要借鉴西方国家政府会计改革模式，以受托责任为政府会计系统的目标，扩大政府会计涵盖的范畴，增加有助于判断政府管理绩效的有关项目成本的信息，有助于评价政府或者某一部门的工作业绩和可持续发展能力的信息，特别是要对影响相关者判断公共资源使用效果的比较分析等信息内容进行必要的披露，以实现外部相关者对公共资源运行状态的整体、有效把握，促使政府部门管理者关注资源的使用效率，实现公共服务责任，降低代理成本，实现外部相关者对管理者的有效监管。

夯实基础工作，积极稳妥地推进政府会计改革。政府会计改革是一项复杂的工程，关系到不同政府部门的权力、义务及外部相关者的利益，每一项改革内容都有一定的经济后果。权责发生计量需要对政府部门资产的确认与计量、预算行动的成本核算、绩效评价体系的构建、信息系统的建设等方

175

面做充分细致的准备。同时，政府财务报告准则体系需要在不断协调的基础上进行修订。另外，会计工作人员的培训和信息系统的建设也是政府会计改革推进的重要组成部分。

各国政府会计改革都经历了一个长期的推进与发展过程，因此，我国应通过广泛地参与与讨论制定政府会计各项准则，积极推进改革的进程，通过不断健全各项基础工作来确定政府资产范围，进行资产的确认、计量及使用状况的调查，建立政府各项资产清单，评估潜在风险的影响，根据资产、负债确认和计量结果编制并汇总政府公共资源资产负债表，循序渐进地推进各项改革。

坚持政府财务报告编制程序与方法创新，实现编制程序系统化。受我国现有信息披露范围和内容的局限，承担编制财政预、决算报告职责的主要是各级政府财政部门。各级人大提供的报告也基本是一种基于各领域财政资金收支情况的清单式的报告，并不能满足相关者对资金使用效果、效益和可持续运行能力判断、评价等方面的信息需求。同时，核算的范围也主要定位于货币化计量的财政资源，对处于非流通状态的土地、非经营性国有资产信息缺乏有效关注，因此难以有效反映政府公共资源的整体运营状况。笔者认为，为了向政府监督管理部门和其他相关者提供更加透明、更有利于绩效评价和决策的信息，除了应在报告的范围和内容上有所突破外，还需要编制程序的保证与创新。首先，应当满足报告编制的组织要求，成立包括相关领域专家、其他专业管理部门和其他相关者的组织机构。其次，收集公共资源的运营信息，结合横向比较和历史数据的趋势分析研究，对公共资源使用绩效进行评价。再次，根据成本效益原则，突出反映政府各阶段需要重点解决的公共服务职能的履行问题，寻找反映政府绩效水平的关键指标，确定披露的内容，避免信息过载或疏漏。最后，在报告中客观地综合评价公共资源的整体运营情况。

完善财务报告披露的方式和渠道，建立多维信息系统，提高信息披露的透明度。确认和解除受托责任、减少代理成本的最有效方式是降低信息的不对称性，提高信息的透明度。不仅要在信息内容上进行改革，而且要在信息披露形式上进行相应的变革。建立统一而公开的信息披露平台，使利益相关者能及时、有效地获取所需信息，将政府公共管理责任置于行政监督、舆论监督与群众监督下履行，提高公共部门的投入产出比和服务质量，增强社会资源和政府财政资金的使用效果。同时为了减少政府各部门编制并汇总财务报告的信息搜寻成本，需统一开发跨部门的、上下级政府部门能有效衔接并能够实时追踪资源使用状况的会计财务报告信息软件系统，实现公共资源和管理服务的数字化管理。

第四节 强化绿色会计发展中的
政府作用

绿色会计的产生是经济社会发展的必然。从发达国家绿色会计发展的经验看，政府的高度重视和大力推动是绿色会计能真正实施和快速发展的关键。我国政府对绿色会计推进的重视程度不够，对绿色会计的研究不足，对绿色会计制度的建设不足，没有形成合力来推动绿色会计发展。要解决这些问题，政府就要树立绿色观念，重视推进绿色会计；加大对绿色会计的研究与支持力度，推动绿色会计理论发展；加快制定和完善相关法律法规，使绿色监督有法可依；进行有关绿色会计等知识的综合培训，提高会计工作人员的素质。

绿色会计的产生是经济社会发展的必然。20世纪70年代，西方国家基于环境资源瓶颈及生态环境破坏等社会经济现实问题，在利用会计方法核算环境问题时，将自然资源、人力资源纳入企业的会计核算对象，借助环境科学理论、现代经济理论、可持续发展理论对企业的环境资源进行适当的货币计量和重要性判断，综合评估环境绩效及环境活动对企业财务成果的影响。建立实施绿色会计不仅是一个会计问题，更是一个复杂的环境问题和社会问题。从发达国家绿色会计发展的经验看，政府的高度重视和大力推动是绿色会计能真正实施和快速发展的关键。本节就政府在绿色会计发展中的作用、问题和建议进行初探。

一、政府要在绿色会计发展中发挥主导作用

根据发达国家的经验，政府必须而且有能力、有责任在绿色会计发展中起主导作用。

（一）政府有责任主导绿色会计发展，更好地贯彻可持续发展战略

改革开放以来，我国在经济快速增长的同时，付出了沉重的资源和环境代价。首先，资源的粗放、浪费性使用使自然资源日益匮乏。1980年以来，我国的能源总消耗量每年增长约5%，是世界平均增长率的近3倍。其次，自然生态环境日益恶化，承载能力不断降低。环境问题是工业化进程的伴生物。我国一些地区的主要污染物排放量远远超过环境承载能力。因此，合理地开发和利用自然资源，保持良好的生态环境，促进经济健康、持续发展已

成为我们共同关注的紧迫性问题。在此背景下，我国提出要发展低碳经济、建设生态文明。这是国家应对气候变化，实现温室气体减排和可持续发展的有效途径，是国家的长远战略选择。绿色会计是实现经济健康、持续发展的必要手段，能够引导和监督企业节约资源和保护环境，维护生态平衡。因此，政府有责任主导绿色会计发展，更好地贯彻可持续发展战略。同时，经济全球化的发展使各国间的经济往来越来越多。一方面，一些发达国家的企业特别是跨国公司把一些资源耗费和环境污染严重的生产项目转移到我国，致使我国蒙受长期的损失。另一方面，发达国家制定了严于发展中国家的环境法规和环保标准，由此产生了绿色壁垒，这给发展中国家的产品出口设置了障碍。作为国家利益的代言人，政府应该高度重视绿色会计，以便在国际经济往来中维护自身权益，促进企业赢得市场竞争的主动权。

（二）政府有能力在实施绿色会计的发展中担当主导角色

政府在推动绿色会计时，扮演着主导角色。以日本为例，日本绿色会计就是政府通过持续的企业调查、咨询专家意见等方式来推动的。我国作为社会主义国家，大部分资源都集中在国有企业。这就决定了政府可以通过对企业绿色会计进程的推动来实现环境治理和资源合理利用的最终目标。我国的绿色会计体系在 21 世纪初逐步建立。2001 年 3 月，中国成立了"绿色会计委员会"。2001 年 6 月，中国会计学会又成立了"环境会计专业委员会"，绿色会计发展已迈出了重要一步。

二、政府在推动绿色会计发展时存在的问题

政府对绿色会计推进的重视程度不够，对绿色会计的研究不足，对绿色会计制度的建设不足，对经济主体未能进行全面的计量考核和奖惩监督，导

致各部门没有形成合力来推动绿色会计发展。

（一）政府对绿色会计推进的重视程度不够

美国早在 1992 年就认为环境会计将带给企业正面影响，环保署便开始制订环境会计计划，针对绿色会计设置专门网站，陆续推出与绿色会计相关的使用工具册和个案研究报告。这些手段推动了绿色会计的实施普及。美国一些企业也早就开始实施绿色会计，并发布社会责任报告。而我国目前实行绿色会计的社会大环境尚未形成，我国的立法机构、环境保护部门、国有资产管理部门、工商税务部门等都各行其责，对绿色会计的认识并未统一，有的忽视环保，只注重企业的经济利益，忽视社会效益和生态效益。传统 GDP 的核算方法使得有的部门并未形成绿色政绩观，因此，各部门对绿色会计缺乏足够认识，更谈不上积极形成合力，来共同研究措施、大力推进了。

（二）政府对绿色会计的研究不足

我国在 2001 年就成立了环境会计专业委员会，但是一直以来，社会各方对企业披露环境信息和社会责任报告的要求不迫切，致使社会和企业没有实行绿色会计的迫切需求，绿色会计依然躺在教科书里，依然停留在"纸上谈兵"阶段。我国绿色会计体系的构建是在借鉴发达国家经验的基础上，结合自身的具体情况发展并完善的。

三、充分发挥政府在绿色会计发展中的作用

要想从根本上优化我国绿色会计的实施效果政府就要通过各种举措来推进绿色会计发展。

（一）政府要树立绿色观念，重视对绿色会计的推进

改变传统政绩观，增强环保意识。政府各部门要充分认识经济效益与社

会效益和生态效益之间的关系，从长远和大局着手，真正认识到实行绿色会计的重要性和紧迫性，投入更多的人力、物力、财力来推动绿色会计的发展，要真正从源头、基本数据入手，在绿色会计推进中取得一些突破。

成立专门机构，制定切实可行的绿色会计实施规划。政府的行政优势是各种学术机构、民间组织所不具备的，强制性是绿色会计发展的重要保障。政府要成立专门机构，制定绿色会计实施规划，推行环保理念，在社会和企业中形成实施绿色会计的良好氛围，使企业承担更多的社会责任。

（二）政府应加大对绿色会计的研究与支持力度，推动绿色会计理论的发展

作为推进的主导力量，政府应尽快在绿色会计理论上有所突破。要尽快成立由经济、环境、资源、会计、法律等方面的专家组成的绿色会计研究会，在绿色会计的理论基础、确认与计量、会计记录、会计报告的编制等方面达成共识，并尽快制定具有可操作性的实用方案来指导绿色会计的实践。

选择绿色会计推进试点，推出个案研究报告。可考虑选择部分国有企业进行绿色会计试点，先行披露绿色会计报告，督促企业承担更多社会责任。要不断总结试点经验，推出绿色会计个案研究报告，并且尽快向全社会推进。

（三）政府加快制定和完善相关法律法规，使绿色监督有法可依

完善会计准则等相关法律法规。政府相关部门应将绿色会计的核算和监督列入《中华人民共和国会计法》，以法律形式确定其地位和作用，这是将绿色会计付诸实践的最有力的手段。要将绿色会计的内容列入会计要素，统一规范绿色会计核算的对象、计量单位，并强制企业扩充报表体系，在会计报表中披露绿色会计的相关内容，以有效防止有关部门和企业的短

期行为。

要制定相应的绿色监督制度，确立绿色考核和奖惩制度。政府各相关部门要联手进行绿色审计，考核经济主体真实的经济绩效，并从政策上鼓励积极推行绿色会计和取得成效的企业，包括减免税收和在投资、融资上进行支持。同时，各部门要加大环保执法力度，对污染环境和资源损耗严重的企业进行相应的惩罚。只有做到奖惩分明，才能促使企业尽早考虑环境和资源成本，从而规范相应的会计处理方法，进而有效推动绿色会计的进展。

（四）政府进行绿色会计等知识的综合培训，提高人员素质

绿色会计作为一项系统的社会工程，其实施需要全民素质的不断提高。首先，政府要进行广泛的环境教育和培训，只有公众都具有较强的环境保护意识，绿色会计的实施才具有紧迫性。政府要将环境教育从基础抓起，加大环保宣传力度，不断普及环境保护理念。其次，组织会计专业培训，对专业领域人员进行绿色会计、环境生态、可持续发展等跨学科领域的培训。在大专院校增设绿色会计、绿色审计专业课，培养能胜任绿色会计工作的复合型人才，特别是对在职会计工作人员进行绿色会计理论与实务的培训。最后，企业领导者是确保绿色会计顺利推进的关键，应该让他们对绿色会计的作用有正确认识，能以战略眼光推进绿色会计的实施。

第九章 政府会计改革探索

第一节 政府会计改革的认识

一方面，从会计信息的角度来看，政府会计改革可以提高政府财务信息和预算执行信息的透明度和真实性，准确反映政府的受托责任，满足社会公众对真实、完整、公开信息的需求。另一方面，从政府治理的角度来看，政府会计改革可以通过公开的信息约束政府权力，提高资产管理水平、财政资金管理效率、防范债务风险、评价政府绩效，推进整个国家治理体系和治理能力的现代化，提升政府治理水平。

一、政府会计改革的背景和意义

我国所进行的政府会计改革，是由当面面临的形势决定的：十八届三中全会深化财税体制改革，改进预算管理制度，实施全面规范、公开透明的预算制度，审核预算的重点由平衡状态、赤字规模向支出预算拓展，建立跨年度预算平衡机制，制定权责发生制的政府综合财务报告制度。十九大报告提出加快建立现代财政制度，建立权责清晰、财力协调、区域均衡的中央和地方财政关系。总之，财政制度体现在政府和市场、中央和地方的关系上，涉及经济建设、政治建设、文化建设、社会建设和生态文明建设等各个方面，是国家治理体系的重要组成部分。加快建立现代财政制度是更好地发挥财政在国家治理中的基础和重要支柱作用的客观需要，有利于加快国家治理体系和治理能力现代化的进程。

20世纪80年代以来，全球主要的发达国家和部分发展中国家就已开始逐步推行了以权责发生制、财务报告改革等为核心的政府会计改革。政府会计改革的意义，可以从两个方面来进行解释。一方面，从会计信息的角度来看，政府会计改革可以提高政府财务信息和预算执行信息的透明度和真实性，准确反映政府的受托责任，满足社会公众对真实、完整、公开信息的需求。另一方面，从政府治理的角度来看，政府会计改革可以进一步通过公开的信息约束政府权力，提高资产管理水平、财政资金管理效率，防范债务风险，评价政府绩效，推进整个国家治理体系和治理能力的现代化，提升政府治理水平。

二、新的政府会计制度的创新

一是重构政府会计核算体系：准则与制度并行，目标一致，满足现阶段核算和报告的要求，以实用性为先，适应现行管理体制。二是通过制度实现目标：双功能，双基础，双报告，强化财务会计功能，完善预算会计功能，实现财务会计与预算会计适度分享又相互衔接的目标。三是统一行政事业单位会计制度：提升信息可比性，保留通用业务和事项，增设改革需要科目，扩大政府资产负债核算范围，对净资产进行重新分类，改进预算会计功能，完善报表体系和结构，增强制度的可操作性。四是构建财务报告体系：政府综合财务报告由三部分组成，即单位财务报告、部门财务报告、政府综合财务报告。

三、政府会计改革离不开内部控制的建设

作为一种制度安排，内部控制与政府会计制度一样具有契约属性，具有节约交易成本、补正不完全契约的优点。内部控制使得行政事业单位按照政府会计准则与制度编制的财务报告具有很强的可靠性，保证了其所披露的会计信息的真实性和完整性。内部控制是生成高质量会计信息的基础，政府会计改革离不开内部控制建设。笔者认为，2012 年、2017 年发布的新的政府会计制度和行政事业单位内部控制制度是政府会计改革的两驾马车，两者相互统一、相互促进。新的政府会计制度会成为推进内部控制建设的重要基础和内容。一方面，政府会计改革可以促进对政府财务会计与预算会计信息的分析，指引行政事业单位内部控制体系向更完善的方向发展。另一方面，如果没有政府会计准则与制度的内容支撑，内部控制评价的标准，尤其是与政府财务报告相关的内部控制评价的标准就会缺失。反过来，加强单位内部控制建设也是政府会计准则与制度有效实施的重要保证。合理保证会计信息的真实性、财务报告的可靠性是内部控制建设和运行所要实现的重要目标之一。加强内部控制建设有利于通过制度、流程、岗位职责的完善，保障内部财务、经营信息质量和资产的安全、完整，进而加强会计信息生成的事前和事中的过程控制，以保证会计信息的真实性。

政府会计改革的顺利完成是一项系统工程，需要诸多前提和条件，需要得到单位领导的大力支持，需要会计工作人员以财务转型的心态迎接这次改革。一旦政府会计准则与制度体系得到规范和统一，就意味着以前存在于不同行政事业单位的会计核算规则得到统一，信息化活动会随之替代简单、

重复、占用大量劳动力的核算活动。这时，财务转型势在必行，其核心方向就是以内部会计控制为特征的改革，需要会计工作人员从核算走向监督，这种监督在很大程度上就是内部会计控制建设的内容。这种准确的会计信息会强化各级政府部门行使职权和构建科学的决策施政制度的能力，组织、纪检、检察院等党政监察机构被赋予的权能可能会进一步增强，从而约束各级政府的行为，推动各级政府内部组织变革，强化组织内部部门之间的合作关系，进而推动政府合理利用预算内外收入资源、减少过度开支。

第二节 我国国库会计在政府会计
改革中的定位

我国国库会计作为反映和监督政府财政资金运动情况的一种会计活动，是国家预算会计体系的重要组成部分。本节分析了国库会计与其他预算会计的联系和区别，探讨了我国国库会计的独特地位，在分析政府会计改革的基础上对国库会计进行了定位，并就国库会计改革与发展提出相应建议。

一、国库会计与其他预算会计的联系与区别

国库会计作为反映和监督政府财政资金运动情况的一种活动，与财政总预算会计、税收会计、预算单位会计相互联系、密切配合，各自通过专业会计活动服务于各级政府预算执行，是国家预算会计体系的重要组成部分。

（一）国库会计与其他预算会计共同为国家预算执行和管理服务

国库会计与其他预算会计共同参与预算执行。在国家预算执行过程中，国库会计和其他预算会计一道，共同为圆满完成国家预算收支任务服务。总预算会计负责核算和监督本级财政预算资金的集中和分配，处于综合的地位；税收会计负责核算和监督预算收入中各项税收（不包括由海关征管的关税）的征管和缴库过程的资金运动；预算单位会计负责反映和监督行政、事业单位预算执行过程及其结果；国库会计核算和监督国家预算收入的收缴和预算支出的划拨情况，是连接税收会计、总预算会计、预算单位会计的纽带。国库会计与其他预算会计互相配合、密切协作，构成了预算会计有机整体，保证国家预算的圆满实现。

国库会计与其他预算会计共同反映财政资金运动过程。财政资金的运动，从纳税开始，到付款结束，其间经历复杂的过程：税金形成—税金征收—税金缴库—缴库后的收纳、入库—形成财政资金—预算拨款。相对应的预算会计核算过程是：税收会计—国库会计—财政总预算会计—国库会计—预算单位会计。国库会计与其他预算会计核算的是不同阶段的财政资金运动，它们相互补充和衔接，构成了追踪财政资金运动的完整会计链条。

国库会计与其他预算会计在业务核算上相互衔接。国库会计的业务核算与总预算会计、税收会计以及预算单位会计有着内在的逻辑关系。国库会计一方面在会计凭证、科目设置、核算内容分类、报表编制等业务上满足总预算会计、税收会计的需要，共同促进政府预算收支顺利执行；另一方面，通过统一制式凭证和预算收支账务信息核对，与其他预算会计相互牵制、相互监督，保证预算收支信息真实、准确。如国库会计业务处理完毕形成的凭证回执及预算收入日报,是总预算会计登记收入支出分类账的唯一合法凭证;国库会计税款入库回执信息及预算收入日报表,是税收会计核算和检查税收任务完成情况的主要依据;国库会计与其他预算会计共同执行政府财政收支分类科目设置要求,同步反映和监督政府预算的执行情况。

(二)国库会计与其他预算会计具有各自独立的特征

1.会计目标不同

总预算会计属于"支出管理型"会计,虽然也核算预算资金收入情况,但更侧重于核算和监督支出过程和支出结果,其目标是正确反映预算执行过程中政府预算资金的集中、分配及其结果,提高资金的使用效益。税收会计属于"收入型"会计,侧重核算和监督税收收入过程和税收收入成果,其目标是正确核算和及时、全面反映税收收入情况,保证税款及时足额入库。国库会计属于"收支管理型"会计,其目标是严格依据国家有关法律,如实反映和监督国家预算收入形成和支出过程,促进预算执行和财政透明。

2.会计核算范围不同

总预算会计的核算范围包括全部财政收入、支出,以及在资金运转中形成的资产、负债和净资产。税收会计的核算范围包括从税收收入形成到缴入国库这一阶段的税收资金运动,仅限于税收收入。国库会计核算纳入国库单一账户的财政资金运动,具体包括税收收入、部分纳入预算管理的政府性基金和非税收入、部分预算支出和预算资金的调拨等。目前部分预算收入未纳入国库会计核算范围,由财政部门通过在商业银行开设的财政专户进行收支管理,纳入总预算会计核算。

3.会计监督重点不同

从内容看,总预算会计侧重监督总预算、部门预算和单位预算的执行情况；税收会计侧重监督税款是否及时足额入库，退库手续是否合法合规；国库会计侧重监督收缴资金是否应收尽收，收入划分留解是否正确无误，退付及库款支拨是否及时有据等。从资金运动阶段看，总预算会计监督是在财政资金分配阶段实施的；税收会计监督是在税收资金的实现、征收、入库及退库阶段实施的；国库会计监督是在纳入国库单一账户管理的财政资金的入库、出库环节实施的，即国库会计不参加税政管理，在纳税人缴税完毕、税收资金进入国库和国库经收处后，开始执行对预算收入收缴的监督；不参加预算支出计划的制订和分配，在财政签发支付指令后，开始实施对预算支出执行的监督。

二、国库会计的特殊地位使其具有显著特点

在资金运动上，国库资金既是连接税收资金和财政资金运动的纽带，又是构成央行货币资金的来源；在会计属性上，国库会计属于预算会计范畴；在业务核算上，国库会计必须满足国家预算执行的工作要求，同时要运用银行会计的核算方法，是央行会计的组成部分。国库会计的特殊地位，使其具有自身的显著特点。

（一）国库会计实现了会计核算与资金运动的有机统一

国库会计处于预算收支业务的第一线，其会计核算与财政资金运动是同步进行的。国库每一项业务的发生、处理过程及结果，均伴随着相应的财政资金流入或流出。国库收支业务办理过程就是国库会计的核算过程，也是国库资金的运动过程。例如，在国库办理税收收入入库业务过程中，在对相应的收入级次及归属进行明确和划分并在系统中进行业务操作时，税收资金通过支付系统进入国库单一账户形成财政资金，税收收入信息根据科目

分类相应记入各级次预算收入登记簿，形成预算收入记录，国库会计核算与财政资金运动通过国库执行预算收支业务有机结合。

（二）国库会计核算组织具有复杂性、协同性和多级性

一方面，国库会计依托人民银行垂直管理的体制，明确了各级国库机构地位及性质，其中人民银行总行负责经理中央国库，核算中央财政的预算收支业务；人民银行分支机构负责经理地方国库，是中央国库的派出机构，其除了要核算本级的预算收支业务外，还要核算上级的预算收入业务，有效地满足分税制改革的需要。另一方面，国库会计通过设置核算主体和国库主体适应人民银行会计和国家预算管理要求，按照核算主体进行会计账务组织和资金清算，并定期形成会计报表反映进出央行的财政资金信息；按照国库主体进行预算收支核算，进行预算收入分成，定期形成预算收支报表，反映预算收支的执行情况。国库会计核算组织与财政机构和财政体制的多元化组合，能够很好地适应财税体制的改革变化，有效满足各级预算管理的要求。国库会计核算组织是复杂的、协同的、多级的。

（三）国库会计信息反映具有综合性和多功能性

国库作为办理国家预算资金收付的机关，各级财政资金的变化都反映到其在国库开立的账户上。国库会计通过反映国家预算收支执行情况，为合理调度预算资金提供会计信息，促进国家预算顺利执行；通过反映国库资金流量、存量变化，总结国库资金运行规律，预测国库资金变动趋势，为科学合理地管理国库资金、适时调整货币政策提供参考；通过国库会计数据分析，反映行业、产业及区域经济的发展情况，深入了解财政资金运行规律及其对经济、金融运行的影响，能够为央行、各级政府及相关部门制定有关政策提供参考。

（四）国库会计的监督职能具有超然性

国库资金的安全高效运转离不开有效的国库会计监督。国库会计的监督职能除具有传统会计监督职能的内生性外，还具有超然性。一方面，人民银行系统垂直管理体制保证了国库会计监督的相对独立性，更好地克服了地方政府和各部门对国库工作的干预，依法依规履行监督职责，实现中央与地方预算收支利益的合理分布；另一方面，人民银行的非营利性保证了国库会计监督能够保持较强的原则性，国库会计可以充分发挥对政府预算执行的监督作用，促进预算资金使用合理、合法、合规，既能帮助财政、征收机关进一步约束、规范自身的预算收支行为，也有利于正确划分各级政府的财政收入，确保国库资金安全，降低监督成本。

三、国库会计在政府会计改革中的定位与发展

（一）我国政府会计改革的方向

一般而言，政府会计是一个旨在满足使用者对公共部门财务与预算信息需要的信息系统，目标是解除各级政府公共受托责任。有效的政府会计应该能够有效界定政府的公共受托治理责任、正确诱导政府的公共选择，它是政府高效治理、廉政透明和实现相应的政治效益和经济效益的基石。在我国，"预算会计"是最贴近"政府会计"的术语。与国外政府会计相比，我国预算会计存在着显著的体系性弊端：从横向上资金流经的过程来看，总预算会计、主管单位会计、二级或基层预算会计之间是相互割裂的，部分学者将之称为"预算会计的两张皮"；从纵向上预算会计的核算范围来看，现行预算会计核算对象相对狭窄，一些资产、负债等未能纳入其核算范围，这不但无法满足公共部门财务管理和成本核算的需要，而且还可能导致预算执行结

果上的虚假平衡，这也属于隐藏信息的道德风险类型。也就是说，我国预算会计既无法全面记录与提供各级政府有关预算执行的全范围、全流程信息，也无法完整反映各级政府的财政状况。因此，我国未来的政府会计改革既要以提供完整的财务信息为目标，又不能以削弱会计系统的预算管理功能为代价。政府财务会计关注的是政府整体的财务状况与运营成果等内容，强调政府管理者在使用公共资源时的绩效性行为受托责任。政府预算会计的目的是反映和控制政府预算的执行过程，关注的主要是政府预算程序中的预算执行阶段。

（二）国库会计在政府会计体系中的定位

国库会计改革与发展并不是孤立进行的，它们作为更为广泛的公共财政管理与预算执行的一部分，与政府会计及其改革紧密相连。探讨国库会计发展必须明确其在政府会计改革中的定位。①国库会计属于政府预算会计范畴，这是由国库的职能决定的。国库是国家金库的简称，是专门负责办理国家预算资金收纳和支出的机关。国家的全部预算收入都要纳入国库，一切预算支出都由国库拨付。国库作为专门机构办理国家预算资金的收支，属于政府预算执行部门。国库会计对各级预算收支业务及资金运动情况进行记录和监督，属于政府预算会计范畴。②政府预算会计应以国库会计为核心，通过"国库一本账"完整反映预算执行各阶段的信息。国库会计位于预算会计体系"结合点"的特殊地位，决定了国库会计具有弥合预算会计体系分裂现状的天然优势。通过建立国库单一账户、深化国库集中收付制度改革、完善国库会计核算方法体系，建立一套适用于所有预算单位的预算会计标准与账户体系，整合所有预算单位，涵盖预算资金流转全过程，通过"国库一本账"来最终实现一级政府（一级财政）、一套预算会计账户、一本预算会计账簿的目标，并使国库会计对象涵盖预算资金流转全过程。③政府预算会计通过国库会计应实现会计系统与预算系统的有效衔接：预算编制与事前报告过程，国库会计为预算编制提供前瞻性预算信息；预算执行与会计控制过程，国库会计提供预算与实际执行结果比对信息；事后预算报告与评价过程，国库会计提供预算会计报告，以便信息使用者对预算执行情况做出评价。

（三）我国国库会计的发展

建立国库单一账户制度，扩大国库会计核算范围。国库单一账户是实现政府财政资金"一本账"的核心和基础，采用国库单一账户是国际通行做法。从西方发达国家国库集中收付改革情况看，尽管具体做法有所不同，但政府财政资金的集中化管理是大势所趋，大多数国家都建立了国库单一账户，将政府收入全部缴入国库单一账户管理，所有预算支出只在实际支付时才从国库单一账户中拨付，这体现了国库资金的集中、安全、高效、效益、协调、透明等管理原则。为了进一步提高我国公共财政资金运行效率，应制定真正的国库单一账户制度，将政府预算收支全部纳入国库单一账户，实现政府财政资金"一本账"，促进财政资金统筹使用。

改进国库会计核算方法，建立国库会计报告体系。一方面，尝试将预算数（包括在原有预算基础上的追加预算）纳入国库会计核算范围，同时记录各个预算单位、预算科目的预算数（预算授权金额）和实际发生数，及时反映实际发生数与预算数的偏差情况，为政府及相关部门提供预算执行情况信息，加强预算执行合规性控制，并可在需要时采取适当调节措施。另一方面，积极拓展国库会计报告内容。国库会计报告包括以下内容：①主要报表，包括预算执行报表（相当于目前国库会计提供的预算收支存报表）、预算执行分析报表（反映预算数、调整数、实际执行数，以强化预算约束的刚性）、国库现金流量表（反映各报告主体的现金流动情况，为实行国库现金管理提供决策参考）；②国库会计报告附注，主要用来对国库会计报表做补充说明，包括对国库单一账户管理情况、国库会计政策情况、国库现金管理情况的说明。

依法加强国库监管，发挥国库会计控制作用。一方面，要解决国库会计监督的职能定位问题，国库会计除给财政提供资金收支服务外，还具有对财政税务等部门的监督职责。另一方面，通过专业化的监管手段，积极推进国库监管法治化进程。推进国库监管电子化进程，不断提高国库监管效率；建立国库监管合作机制，探索建立联合执法检查的平台；强化执法检查能力建设，提升国库会计工作人员的监督水平。

第三节 绩效管理与政府会计改革

随着时代的发展和环境的变化，绩效管理的推广程度在不断加深，政府会计改革在各个国家都已经有所实践。本节认为，政府会计应当对政府绩效管理提供必要的信息。尽管我国的预算绩效管理已经步入了新阶段，但还是有许多发展空间。本节提出我国可以借鉴国外的成功经验，实施以绩效管理为导向的政府财务报告制度和预算绩效管理，为我国的政府会计改革保驾护航。

一、政府会计改革的历史

（一）政府财务报告制度

基于绩效管理的政府会计改革首先出现在西方国家。20世纪70年代以来，一些国家的政府出现了严重的财政赤字、债务堆积和政府部门机构冗余的情况。往往在财政危机发生时，绩效管理才会被人们重视，这时候就需要进行政府会计改革了。面对这种情况，新西兰、法国、澳大利亚、加拿大、英国等国家的政府也发现了问题的严重性，开始重视政府会计的绩效管理，为提高效率和促进发展而进行大刀阔斧的改革。这些国家先后推行了以绩效为导向的政府会计改革，逐步建立了以绩效管理为依据的政府会计制度。

从那以后，政府会计绩效管理得到了蓬勃的发展。例如，新西兰分别实施了《财务报告法案》和《财政责任法案》；英国建立了一个资源会计与预算系统，要求各个部门都提供比较详尽的财政报告，因此可以全面地报告和分析政府运行中的资源耗费及产出与绩效；法国在 2007 年到 2017 年，将 1173 个政府绩效指标删减为 765 个；政府会计标准委员会（Governmental Accounting Standards Board，简称 GASB）也期望国家财政可以以此为依据确定相应的经济决策。这些规则和措施都要求政府机构的会计报告能够充分、公正地反映其财务状况和运行结果，这体现了各国政府越来越重视政府财务报告绩效披露。

政府财务报告制度可以满足政府绩效管理的要求，反映了政府会计及报告改革的方向，允许更多的财务信息使用者（比如社会公众）进行监督和检查。时至今日，在改善政府财务状况、提高运营绩效和透明度以及加强风险防范等方面，政府财务报告制度确实收获了显著的效果，对经济的健康发展也产生了比较深远的影响。

（二）预算绩效管理

随着时代的发展和环境的变化，绩效管理的推广程度在不断地加深。2008 年各个国家实行的政府会计权责发生制改革使预算会计运行环境发生了深刻的变化。这种变化为政府不断修正与完善绩效管理创造了良好的条件（"财务会计、成本会计、预算会计互相支持、互相补充的政府会计模式"），以适应这种变化。

若不考虑发达国家的情况，而是仅考虑亚洲的发展中国家，21 世纪以来，泰国（2001）、越南（2002）、老挝（2007）、菲律宾（2007）、巴基斯坦（2009）等发展中国家先后推行了以绩效为导向的预算改革。目前有 80%的非洲国家正在致力于引进绩效管理，尤其是南非，它们政府的绩效改革是比较成功的。南非财政部制订了"服务供给的预算执行计划"，并出台了《战略规划和年度绩效计划的框架》等一系列与绩效管理相关的文件，为预算绩效在地方政府中的执行实践提供了指引和规范，这也成为了南非改革成功的原因之一。在拉丁美洲，智利、阿根廷和墨西哥这些发展中国家的政府绩效管理还是比较成功的。它们的改革起步比较晚，会面对更多的困难与挑战，且大多都是借鉴了西方发达国家的经验，受发达国家的影响较大，因而在真正实施时还应当好好考虑是否符合本国的国情。

放眼全球，创建责任政府、效能政府、廉洁政府是大家的希望，符合广大人民群众的利益，而这反过来又促进了政府部门会计领域管理监督的革新。

二、我国政府会计改革的绩效管理

（一）我国政府会计改革的现状

2018 年 9 月，在《中共中央国务院关于全面实施预算绩效管理的意见》中，我国提出了"加快建成全方位、全过程、全覆盖的预算绩效管理体系"，这代表我们国家预算绩效管理进入新阶段。政府会计能够提供给政府绩效管理一些比较重要的信息。然而，过去我国的政府会计还是提供关于绩效管理投入和部门产出成本的信息，在反映政府运行活动的结果方面还是有一些不足的，再加上传统的现金制会计是只核算支出、不核算成本，这样不符合预算绩效管理的宗旨，达不到现在的要求。重视预算绩效管理，对推动我国政府会计改革的进一步发展具有重要的理论价值和现实意义。

现阶段，我国实行的预算会计报告还是以收付实现制为基础，并且是与财务会计并行的双轨制政府会计模式。但是，以预算管理为中心的宏观管理信息系统还不能够很好地满足绩效管理的开展以及对受托责任的监督，距离实现成熟的预算绩效管理还需要一定的努力，笔者认为其存在的问题如下：

1.收付实现制的局限性

我国政府预算会计还是比较着重于收付实现制，即按照实际的金额来确认及记录预算收支，这种方法在相关性和可靠性方面不一定能够满足日新月异的需求，因为现在还是呼吁要客观公允地反映政府的整体状况和运行绩效。最常见的一个现象就是，政府的预算会计报告有可能会因为跨年度的支出而导致年度间收支无法配比，可能对真实性造成影响。而其他一些体系比较成熟的国家正是考虑到了收付实现制与绩效管理的矛盾，才选择了将权责发生制作为政府会计核算的核心。

2.预算报告的有用性尚有欠缺

笔者认为，这可能是因为发达国家在预算和财政体制上有良好的基础，所以其绩效预算改革比较顺利，而我国目前仍然是发展中国家，预算和财政体制没有发达国家那么健全，所以在预算报告有用性这方面还是需要加强的。目前，政府预算报告提供的一些信息对许多信息使用者，特别是社会公众来说时比较难懂的。信息使用者需要不断地分析、比较预算信息与实际结果，才能更好地评价财政效果。怎样才能够让绩效管理为政府支出的优先性次序提供计划与指导，从而提高绩效，这也是一个亟待解决的问题。

我国在政府财务会计方面，还存在着一些需要进一步提高的地方：

报告目标层次有待提高。目前，我国的政府会计报告强调的财务责任，只是要求有效并诚实地对所使用的资源负责，还没有要求对绩效目标负责，这就与绩效管理的要求有出入了。所以，目前还是需要提高政府会计报告的目标层次，以便进行政府的绩效管理。

报告缺乏完整信息。我国的政府会计报告目前还是缺少一些完整的财务和非财务信息，信息使用者对财政绩效和受托责任履行情况进行全面的了解、分析与评价还是不太容易的，这就不太方便监督和管理信息使用者。信息使用者不仅需要提供有关政府部门支出和成本的财务和非财务信息，也需要享有政策后果信息的知情权，这样才能够有效地实现绩效管理在政府会计中的实施。

（二）我国政府会计改革的尝试

经济合作与发展组织曾用绩效预算指数来衡量政府绩效管理的实行情况。在被统计的 33 个国家中，一些发展中国家的绩效预算指数位于前列。我国也属于发展中国家，一些情况和这些发展中国家的情况比较类似，因此，这些发展中国家政府会计改革的成功经验对于我国来说还是十分有借鉴意义的。我国政府绩效改革起步比较晚，也面对了其他国家在政府会计改革中经历过的困难与挑战。我国需要从客观实际出发，实事求是，进行符合本国国情的政府会计改革。

我国政府会计在改革中也学习了国外政府绩效管理的一些理念，以建立一个符合我国实际情况的政府会计系统，从而提高政府的工作绩效。因此，借鉴他人的成功经验，对现阶段政府会计报告中框架、内容和目标等需要完善的地方进行改革，建立顺应时代发展的、反映国家预算执行结果的政府报告系统，是现阶段政府会计改革的比较重要的话题。

三、我国政府会计改革的发展方向

以前，我国在推行绩效预算、加强绩效管理时面对着许多困难，有许多地方是需要借鉴成功经验的。目前，我国的预算会计对成本与费用的考评还不够详细，要达到绩效管理目标还需要一定的努力。

我国传统的预算会计报告要达到绩效管理会计的水平还是有很长的路要走的。我们不能只关注支出成本，只衡量所得和花费，这在目前是不能够满足需求的。但是，我国推行绩效预算有困难并不代表放弃预算支出绩效的要求。绩效考评的科学性与合理性一直是我们需要关注的问题。

而就目前来看，预算绩效管理在我国已经步入了新阶段，我国提出了"加快建成全方位、全过程、全覆盖的预算绩效管理体系"，这也是我国政府会计改革的一大发展，体现了我国多年来政府绩效改革的进步之处。笔者认为，我国可以参考其他国家在政府绩效管理上的经验，从以下两个方面来进行政府会计改革：

（一）建立以绩效管理为导向的政府财务报告

以绩效管理为导向的政府财务报告应当能够更好地满足信息使用者对政府财政总体运营状况和最终结果及其影响的理解与监督要求。应形成真正能够提升政府绩效的政府财务报告，将政府责任履行情况受托给人民群众监督，对政府运营和管理的效率和效益做出相应的评价，不断进步。建立政府财务报告是政府会计改革的目标和趋势。

（二）推行预算绩效制度

有学者表示，获得政府部门产出成本与费用信息是有必要的，成本应当能够与产出配比，满足信息使用者对完整性和可靠性的要求。为了更好地满足预算绩效管理的要求，一些研究政府会计的学者认为，应当将政府预算与绩效管理紧密地联系在一起。首先，使政府预算更多地服务于绩效管理，满足信息使用者的需求；其次，预算与实际的差距不能够太大，必须是可控的；最后，政府财务报告应当实事求是，一切从实际出发，满足信息使用者对预算与实际执行情况间较高质量比较信息的需求。

综上所述，政府会计应当对政府绩效管理提供必要的信息。笔者认为，绩效管理对政府会计改革还是有好处的，对政府财务状况、运营绩效和透明度等方面都会有所裨益，将会对政府部门的长远发展产生深远的影响。而预算绩效管理是当前建设现代财政制度的关键点和新的突破口，对推动我国政府会计改革的进一步发展具有重要的理论价值和现实意义。我们可以借鉴一些其他国家的成功经验，为我国政府会计改革保驾护航，对现阶段政府会计报告中框架、内容和目标中相对不足的地方进行改革，建立顺应时代发展的、反映国家预算执行结果以及更为聚焦政府整体财务状况和产出绩效的政府报告系统。

第四节 政府会计改革与内控建设

在传统意义上，可供选择的会计确认基础在一般情况下是有两个方面的：第一个是收付实现制，第二个则是权责发生制。从各个企业会计和其财务报告中可以看出，应用更为广泛的是权责发生制。毋庸置疑，国家与国家之间无论是在历史文化，还是在政治、经济等方面，都是具有非常明显的差异的，所以其政府会计自然也各不相同。

市场经济在不断地发展与完整，目前已经比较成熟。在此基础上，我国社会主义公共财政的改革步伐的速度也越来越快。从目前的现状来看，由于还缺少一整套完整的会计体系，现有的政府预算会计体系根本不能够满足如今的经济发展要求，因此政府会计改革必须提上日程。

一、政府会计内部控制的概述

责任意识是会计从业的准则，也是其实现自我约束的内驱力。在常规情况下，企业会根据现阶段企业发展的状况进行内部控制。基于此，建立有效的内部控制对企业的发展来说是至关重要的。作为企业的委托责任方，强化责任意识、制定内部控制制度是非常重要的。内部控制的实施，更多地要考虑实际情况，向委托人报告所完成的任务以及由此产生的资源收支情况。公共经济的信托责任也是政府的信托责任。因此，政府有义务开展丰富多样的活动并对公共事务进行管理。政府会计内部控制其实就是在践行政府所担负的公共责任。

二、政府会计内部控制建设的研究现状

我国政府的内部控制建设起步相对其他国家较晚。因为在前期，我们没有根据自己的国情需要，创建出一套真正合适的内部控制建设框架体系，所以现在我们只能借鉴国外发展的经验和更好的例子，通过边做边学，引入一种更可行的内部控制模式来开展工作。近些年来，国内许多学者非常积极地参与政府会计内部控制建设框架体系的建设，通过总结发达国家的建设经验，综合出一套适合我国国情的方案。从宏观上看，政府内部控制建设应包括与政府财政有关的所有内容；从微观上看，政府会计内部控制建设应包括与政府财政有关的所有内容，包括所有与财务有关的控制和监督工作。政府会计内部控制在政府财务负债管理过程中起着重要的作用，它与各项工作的开展息息相关。

三、政府会计改革与内部控制建设的融合

（一）政府会计改革应以政府内部控制建设为基础

早在 1983 年，美国审计署就出台了联邦政府内部控制标准，并且在此之后设立了政府会计准则委员会，制定了相应的会计准则。我国的政府会计改革起步较晚，主要依靠学习西方国家的经验。2012 年，我国出台了《行政事业单位内部控制准则》等规范性文件，这些文件有力地促进了政府内部控制建设。2015 年，政府会计准则委员会成立，其工作职责主要是建立和完善政府会计准则体系，更好地促进政府内部控制改革。由此可见，推进政府内部控制建设的重要基础和内容是加强政府会计改革。除此之外，政府会计准则对政府财务报告的评价机制也产生着重要的影响。同样，我国应更加注重构建政府内部控制，从而更好地推动政府会计改革，加速政府会计改革

的实施步伐，为修订和完善财务制度、完善决算报告制度、完善资产管理制度提供不可或缺的动力。完善和升级政府财务管理信息系统、改革现有的会计制度等一些措施的开展，也需要政府内部控制的构建和实施。故而，基于更好地处理目前所存在的包括内容、科目、报表等一些数据反映有误差的情况，加强资产负债，提高国家治理能力，加强政府运作的信息反映，财政部制定并颁布了政府会计准则以及一些细则性的文件。但是我们不能忽视，如果要保障政府会计准则体系的统一、合法、科学、规范，仍有很多亟待完善的内容，需要提出相应的解决方案。故此，更好地完善政府的内部控制、促进改革的进行，是解决这些问题的必要条件。

（二）政府预算会计改革设计以政府内控建设为基础

我国目前的政府会计制度根据组织机构类型可以划分为国库会计、行政单位会计制度、事业单位会计、基建会计、税务会计、事业单位会计制度、财政总预算会计等类别。在这些类别之中，财政总预算会计所负责的工作主要是对财政预算资金进行划拨，事业单位会计制度主要是执行预算功能，了解各单位的实际情况。但是，由于会计原则、会计要求、会计要素分类和定义等方面的差异，财务总预算会计与事业单位会计制度之间没有有效的联系，主体之间也不能有效地对应，这就导致了会计主体之间的矛盾。财务部门无法完成自己的工作，不能够全方位了解财政资金的分配和去向等情况。国库集中收付制度能够使得这一矛盾得到一些缓和，但是不可否认的是，在实际的操作过程中，仍然容易出现预算约束不足、支出过多或者是谎报等行为以及浪费资金等情况。

除此之外，财政资金是财政总预算会计的会计核算范围，不能满足全面预算管理的理念，不能满足部门预算改革的需要，不足以约束非财政资金，不利于全面反映预算执行情况。所以政府预算管理应该作为我国政府预算会计改革的目标，通过会计原则、会计要求和会计要素分类界定的统一，努力实现会计制度与管理制度的有机结合。

（三）政府财务会计改革设计以政府内部控制建设为基础

目前，我国所使用的政府会计制度是建立在实现收支的基础之上的。即便国库在进行一些支付或者购买物资时仍按照谁使用谁负责的情况进行管理，但是不可忽视的是，我国所使用的仍然是财务会计和预算会计相结合的制度，但是这种制度对预算管理难以形成严格的管控，对政府部门的资产清算、债务统计以及盈利情况也难以进行有效的反馈。因此，在明确政府会计改革的目标、选择会计基础的战略、理顺政府会计与预算会计的关系的情况之下，我国政府会计改革要保障财务管理和预算管理目标的同步实现，这样才可以更好地达到财务管理顺利使用应计制的目的。

四、政府会计改革与政府内部控制建设的协同机制

经过上文的分析，我们不难发现，政府会计改革和政府内部控制建设两者是缺一不可的，政府内部控制建设离不开政府会计改革，政府会计改革能更好地满足政府内部控制建设的需求，两者互为补充，缺一不可。故此，在国家政策方针的背景下，进一步落实财税体制改革，更好地探求政府会计改革设计、实施和政府内部控制建设这二者之间的协调关系，有利于让彼此更好地发展。

（一）二者基于政府预算管理目标的协同发展

编制预算须经全国人民代表大会批准，具有法律效力。想衡量政府信托责任的履行情况可以通过比较预算编制与实际执行情况的方法。目前我国实行的预

算管理标准规则意识得到了明显的体现，体现在现金流动所产生的收入、支出、结转余额等信息上，可以更好地反映收支情况，从而更易于被大众接受。由此可知，政府预算会计改革的目标应该以现金生产为会计基点，强化预算的处理和实行的各个环节，同时要有效解决当前总预算会计与行政事业单位会计不一致的问题，有效处理预算会计管理过程中财务部门与预算单位的关系。

政府内部控制的首要目标是在法律、法规的支持下运行的。基于此，我们可知，政府制订的预算管理目标是开展一切工作的基础，如果能够很好地保证财务管理内部控制和预算单位内部控制的相互协调配合，那么政府内部控制与政府预算会计改革才能得到更好的发展。政府内部控制的最终目的是达到资金和资源的最优分配，那么这就需要更好地进行预算，同时也要更好地完善审批环节。主线是通过加强预算单位内部控制的建设，有效衔接预算单位内部控制的建设来保证财务的作用能落到实处。

（二）二者基于政府财务管理目标的协同发展

政府内部控制建设主要涉及以下几点：资产的安全性和完整性，确保财务信息的真实性和准确性，提高社会公共服务质量。政府进行财务会计改革的方式，主要依靠权责发生制，通过详细地了解政府的资产情况和公共服务所需要的成本费用问题，以及清晰地整合政府经营状况等来使相关信息公开透明。所以，其实二者有非常强的关联性。应加强与财务会计要素直接相关的资产管理、负债管理、收支管理、采购管理、建设项目管理和合同管理，为实施提供"土壤"。以权责发生制为基础的政府财务会计改革，应当如实反映资金的形成和使用情况，确保信息的真实性不打折扣。除此之外，还要保证在进行政府内部控制建设的进程中，提高财政资金使用的规范性和效率，加强支出项目的分类控制，更好地保障政府各个部门所反映情况的真实性，最终保证政府内部控制目标的实现。仔细说来，就是要依照分类管理和控制的理念，把政府运营成本划为绩效成本和管理成本，绩效成本主要反映政府行为所产生的各项费用，其中就包括了业务设施的费用、业务运营的费用以及人员费用；管理成本主要反映的是政府内部的一些体系消耗所产生的各项开支，主要涉及办公用品的费用、日常开销费用和人员费用。

（三）二者基于国家审计监督检查的协同落实

公共经济信托责任理论是开展国家审计的理论支撑，具体是以建立内部控制为前提，以财政资金的配置和使用为主线，运用有效的审计技术和方法，公共部门信托责任的履行情况进行监督，对国家财政政策和财政收支的执行情况进行监督，对存在的问题及时进行甄别、警告和更正。在我们国家现有的经济体制之下，国家审计是离不开政府内部控制和政府会计的全力支持的，政府内部控制的建立和完善是国家审计发展的主要出发点。同时，政府会计提供的信息质量与政府内部控制密切相关。一般情况下，政府内部控制的建立和运行与政府会计提供的信息质量成正比，要最大限度地保障信息的真实性，就要更加注重政府内部的控制。政府会计改革的实现需要旧制度与新制度的完美衔接。内部控制的构建与政府会计改革之间存在着一定的协同关系，二者只有在实际工作过程中相互适应、相互促进，才能让我国政府会计改革成功。

参考文献

[1]孙孝钢.医院财务电算化与财务内控制度关系的探讨[J].中国卫生经济，2013，32（03）：93-94.

[2]张静，张晓琦.实施"先诊疗后结算"模式的医院财务内部控制[J].中国医院管理，2011，31（10）：32-33.

[3]王昕，郑绥乾.构建新型的我国卫生政策研究体系模式[J].中国卫生经济，2010，29（12）：8-9.

[4]周燕颖.医院财务内控失控事件分析[J].中国卫生经济，2012，31（04）：85-86.

[5]张毓辉，万泉，翟铁民，等.2012年中国卫生总费用核算结果与分析[J].中国卫生经济，2014，33（02）：5-9.

[6]郭云波.公立医院内部控制研究综述[J].卫生经济研究，2013（11）：31-34.

[7]谢立娟.医院固定资产管理的实证研究[J].中国卫生经济，2014，33（02）：79-81.

[8]谢雪梅.县级医院物资采购模式探讨[J].卫生经济研究，2013（11）：56-58.

[9]陈云军.医院财务内部控制体系在新会计制度下的建立[J].会计师，2014（06）：57-58.

[10]李汉英.浅谈医院收费票据管理[J].中国老年保健医学，2014，12（02）：134-135.

[11]高勇.实施全面预算管理促进医院管理水平的提升[J].中国卫生经济，2012，31（02）：56-58.

[12]李群.新时期下医院财务内控管理存在的问题及对策探讨[J].会计师，2015（15）：70-71.

[13]王本燕.规范退费流程强化门诊住院收入管理[J].现代医院,2016,16（09）：1375-1377.

[14]顾凯宏.关于公立医院财务内部控制问题的探讨[J].会计师,2013（18）：53-54.

[15]袁悦.医院财务管理的现状及对策的探究[J].农村经济与科技,2016,27（24）：66+68.

[16]郭云波.基于 COSO 理论的县级医院内部控制研究[J].现代医院管理.2014,12（01）：64-67.

[17]关振宇.实施新事业单位会计制度的现实意义探析[J].财务监督,2015（08）：3-4.

[18]杨雅棋.全面预算管理在医院内部控制中的应用研究[J].管理观察,2017（04）：168-169+175.